Vergeude nicht dein Leben!

Gabriele Pollinger

Vergeude nicht dein Leben!

Gabriele Pollinger

Gabriele Pollinger:
Vergeude nicht dein Leben
Oberding: Reimo-Verlag, 2011

ISBN 978 – 3 – 942867 – 03 – 0

Dr. Valentin Reitmajer
Am Mitterfeld 3, 85445 Oberding
Tel.: 08122 / 47 99 715 oder / 79 90
Fax: 08122 / 47 99 714
eMail: reimo_verlag@gmx.de
www.reitmajer-verlag.de

Covergestaltung: Heike Wannek

ISBN 978 – 3 – 942867 – 03 – 0

DANKE

meinem Mann
und den Mädels, die immer an mich geglaubt haben und mich motivierten, dieses Buch zu schreiben.

DANKE

auch allen Menschen, mit denen ich arbeiten durfte,
und all denen, die mich unterstützten, das Buch zu veröffentlichen und zu vermarkten.

April 2011

INHALT

Einleitung

Mein Buch ist für die engagierte Frau, die ihren ganz persönlichen Lebensstil finden möchte.
Es soll ein witziger, erfolgsorientierter, aber auch kritischer Ratgeber sein.

Sieh mich als deinen „Lifestylecoach“, ich begleite dich und helfe dir, all das zu bekommen, was du wirklich willst, um glücklich, gesund, erfolgreich und zufrieden durchs Leben zu gehen.

Ich will dir helfen, **dich selbst zu finden, das, was du wirklich willst**, weit weg von dem, was dir andere Menschen (Eltern, Schule, Freunde, Kollegen usw.) mit ihren eigenen Gedanken und Gefühlen, an Meinungen, Glaubenssätzen und Verhaltensmustern mit auf deinen Lebensweg gegeben haben.

Eines ist klar, niemand hat es böse gemeint, als er versucht hat, dir sein Wissen nach bestem Willen zu vermitteln, um dir dein Leben zu erleichtern.

Aber willst du dein Leben nicht so leben, wie **du** es möchtest?

Es ist dabei vollkommen egal, ob du dich als erfolgreiche Karrierefrau, als glückliche Hausfrau und Mutter siehst oder als wilden Vamp?

Du entscheidest: „Willst du eine Rolle spielen oder viele verschiedene?!“

Du kannst dein Leben so einrichten, wie du es willst, ganz nach deinem Geschmack!

ABER Vorsicht!!!!!

Erst, wenn du wirklich weißt, was du willst und die Spielregeln des Lebens verstanden hast!!!!

Ansonsten kann es gelegentlich sehr schwer werden und du hast das Gefühl, du trittst von einem Fettnapf in den nächsten oder stellst dir immer wieder die Frage, warum passiert das immer mir!?

So, genug gesagt, wenn du beginnen willst, dann folge mir…

Viel Spaß dabei!!!

Kapitel 1

Deine Ausgangssituation

Wer bin ich?

Ja, hallo, wer bist du?

Weißt du das so genau?

Na klar, denkst du und beginnst, dich vorbildlich zu beschreiben:

- Geschlecht
- Vorname
- Name
- Alter (vielleicht?!)
- Wohnort
- Beruf
- Familienstand usw. usw.

Frauen mit einer Topfigur prahlen dann noch immer gerne mit ihren Traummaßen, am Ende der Aufzählung fügt jede noch zu ihrem **„Das-bin-ich-Rezept"** ein paar gut klingende Charaktereigenschaften, wie zum Beispiel: verständnisvoll, ehrlich, treu und verantwortungsbewusst hinzu…und… fertig sind wir!!

Wirklich?

Nein, wir sind weitaus mehr, als wir uns zu beschreiben trauen.
Nur leider hat es uns in der Vergangenheit niemand beigebracht und somit hatten bisher nur wenige von uns die Chance festzustellen, wer sie wirklich sind.

Damit ist jetzt Schluss, ich möchte dir helfen, herauszufinden, wer du bist und was du wirklich willst.

Vorweg sei schon einmal gesagt: Du bist einzigartig… ein schönes Gefühl oder?

Ganz egal, wie du im Moment drauf bist …
… du bist einzigartig...
(lass' es richtig auf dich wirken!!!! ☺)

Einzigartig bedeutet, du bist der Einzige deiner Art im Leben!
Du bestimmst dein Tun. Egal in welche Verhältnisse du hineingeboren wurdest.
Glaube mir …du spielst die Rolle deines Lebens …du bist der Hauptdarsteller und der Drehbuchautor…

Egal, was dir im Leben widerfährt…es liegt an dir, ob du es als Chance siehst oder sofort denkst:

„Warum immer ich?
Wieso passiert immer mir so etwas?"

Du alleine bestimmst dein ganzes TUN, egal, ob mit Erfolg oder erfolglos….
All das, was du jetzt fühlst, denkst und besitzt, besitzt du aufgrund der vorangegangenen bewussten oder unbewussten (automatisierten) Entscheidungen.
Nur der Einzigartigkeit deiner eigenen Person hast du das zu verdanken.

Gehen wir zusammen einen Schritt weiter, ich möchte es dir erklären.
Viele von uns haben keinen blassen Schimmer, warum ihnen das Leben dieses oder jenes beschert. Wir wünschten uns viele Dinge, bekommen haben wir sie nie und die Hoffnung, sie doch noch zu erhalten, haben wir bereits begraben.

Auf der anderen Seite gibt es aber viele Dinge, die wir nicht wollen und die sich trotz des ganzen Nichtwollens regelrecht penetrant in unserem Leben festsetzen.

Man hat regelrecht das Gefühl, dass man die Widerwärtigkeiten des Lebens nie wieder los wird!

Oft denken wir, es sei unser Schicksal!

Es wurde uns beigebracht, immerzu schuften zu müssen.

Träume sind Schäume!
Kind, bleib' am Boden der Tatsachen! Usw. usw.

Die Eltern ermahnten uns ständig, vorsichtig und achtsam zu sein.

Denkst du auch?

☹

So ist das Leben!

Gutes wie Schlechtes ertragen…

Mit Höhen und Tiefen klar kommen….

Mein Schicksal ist das eben….

Viel und hart arbeiten bis zur Rente mit 67….

Rackern für andere….

NEIN NEIN NEIN NEIN NEIN NEIN NEIN NEIN NEIN UND NOCHMALS NEIN
Da hast du was falsch verstanden!

Es wird allerhöchste Zeit, dass wir alle auf diesem Planeten erkennen, dass wir unser Leben selbst erschaffen (bestimmen, entscheiden):

unseren Erfolg im Leben

unseren Reichtum oder unsere Armut,

glückliche oder unglückliche Beziehungen,

mehr oder weniger Lebensglück

einen gesunden und attraktiven Körper

und vieles andere auch,

was sich auf unserer Lebensbühne abspielt

und was wir alle ganz lässig und oft unüberlegt „Realität" nennen.

Wo fangen wir jetzt also an:

Alles hängt damit zusammen, was du spürst oder denkst…
kein Quatsch, sondern TATSACHE
Man nennt es auch **DEINE ENERGIE,** die du ausstrahlst ….

Und leider, leider verbringen 99 % der Menschen ihre Zeit damit, sich auf die MÄNGEL in ihrem Leben zu konzentrieren…
und das ist absolut fatal….

Durch die Konzentration und das Fokussieren auf den Mangel im eigenen Leben, zieht man immer mehr davon an, ob bewusst oder unbewusst, ist schlichtweg egal.

Schritt für Schritt wird die Lage dadurch immer misslicher und aussichtloser.

Die ganze Erde funktioniert nach dem gleichen physikalischen Prinzip:

Gleiches zieht Gleiches an!!!!

Dazu zwei Beispiele aus unserem Alltag:
Schwangere Frauen sehen auf einmal viele schwangere Frauen!
Warum? Sie haben ihren Fokus verändert!
Menschen, die rote Ampeln nerven, denken sich permanent: „Schon wieder rot." „Immer passiert mir das!" Dann sind die Ampeln tatsächlich immer rot. Warum?

Wir bekommen das, worauf wir uns emotional konzentrieren!!
Konzentriere dich auf etwas mit Begeisterung und Leidenschaft, dann kriegst du es auch!
Konzentriere dich mit der gleichen Leidenschaft auf etwas „Unangenehmes", dann ist auch das bereits zu dir unterwegs.
All das beruht auf dem Gesetz der Anziehung.

In der Praxis funktioniert es sehr schnell und gut, „Unangenehmes" anzuziehen!
Ein paar Gedanken und schon kriegst du es präsentiert!

Bitten hilft nicht, Flehen hilft nicht, Schimpfen genauso wenig, nur die Schwingungen, die du aussendest, werden dir helfen … bedenke, unsere Schwingungen beruhen auf unseren Gedanken.

Und wie lässt sich das erklären? Wie sollst du so einen „Quatsch" glauben können?

Wir wissen, dass ein Funkturm über einen Sender eine Frequenz ausstrahlt, welche zu Hause in unserem Radio als Programm zu hören ist.

Verstehst du, wie das funktioniert?
Vielleicht nicht so ganz, aber du weißt, dass jeder Sender (B 3, Antenne Bayern usw.) eine bestimmte Frequenz hat (denke an den Sendersuchlauf) und wenn wir diese Frequenz am Empfangsgerät einstellen, hören wir die Musik und Berichte, die auf diesem Sender zu hören sind.

Wir entscheiden uns für einen Sender und wählen die Frequenz, die wir benötigen, um diesen Sender einzustellen, dann empfangen wir die Sendungen dieses Senders.

Wenn wir andere Musik hören wollen, schalten wir um.

Gedanken funktionieren nach dem gleichen Prinzip, sie sind magnetisch und haben eine Frequenz. Während du denkst, sendest du Nachrichten in das Universum aus, die magnetisch die entsprechenden Gegenstände mit derselben Wellenlänge anziehen. Alles, was du aussendest, kommt zu dir zurück!

Gleiches zieht Gleiches an!
Du bist so etwas wie ein Funkturm!

Deine eigenen Gedanken (Gefühle) erzeugen eine Frequenz und du ziehst auf dieser Frequenz all die gleichen Dinge an, es sind die Herausforderungen deines Lebens.
Willst du in deinem Leben etwas ändern, dann musst du anfangen, den Kanal, sprich die Frequenz, sprich endlich deine Gedanken zu ändern!

Ich verwende an dieser Stelle noch ein weiteres Beispiel:

Kennst du Stimmgabeln?
Stimmgabeln sehen so ähnlich aus wie ein großes Y und werden in der Regel aus Stahl gefertigt. Man verwendet sie in den unterschiedlichsten Bereichen (Physik, Medizin, Esoterik). Stimmgabeln gibt es mit unterschiedlicher Klangdauer und Frequenz.

Stellst du verschiedene Stimmgabeln zusammen und bringst eine davon zum Schwingen bzw. Ertönen, bewegen sich nur die mit der gleichen Frequenz bzw. Tonlage mit. Alle anderen bleiben ruhig. Man bezeichnet das auch als das Gesetz der Resonanz.

Gleiches zieht Gleiches an, das ist ein physikalisches Prinzip!

Viele Forscher, Mediziner und Naturwissenschaftler beschäftigen sich mit dem Thema, wie wir „ticken"!

Ich kann dir hier an dieser Stelle nur sagen, es gibt viele Beweise für meine Thesen, mir geht es aber nicht ums Beweisen der Fakten, sondern es geht mir darum, dir zu mehr Freude, Glück und Erfolg im Leben zu verhelfen.

Entscheide dich an dieser Stelle!

Möchtest du dieses Buch zur Seite legen und Ausreden suchen, warum dein Leben so ungut verläuft oder willst du gemeinsam mit mir daran arbeiten, das zu bekommen, was viele andere auch schon bekommen haben?
Das Leben nämlich, das du schon immer haben wolltest!
Entscheide dich!
Ich für meinen Teil würde mich sehr freuen, dich als Leserin zu begrüßen

Was hast du zu verlieren?

☺

Hallo,
schön, dass du dabei bist ☺,
kommen wir nun zu unserem ersten gemeinsamen Arbeitsthema.

Deine persönliche Standortbestimmung

Sie ist für dich wichtig, um zu entdecken, wo du stehst (gedanklich) und wie du „tickst"!

Du kannst mit Hilfe der Standortbestimmung sehr viel über dich erfahren, glaub' mir, es ist eine große Bereicherung im Leben, wenn man beginnt, sich zu entdecken.

Bevor wir loslegen, habe ich noch ein richtig gutes Gedicht auf Lager:

„Achte auf deine Gefühle,
denn sie werden zu Gedanken.

Achte auf deine Gedanken,
denn sie werden zu Worten.

Achte auf deine Worte,
denn sie werden zu Handlungen.

Achte auf deine Handlungen,
denn sie werden dein Charakter.

Achte auf deinen Charakter,
denn er wird dein Schicksal."

- unbekannt -

Ich finde, in diesem Gedicht steckt viel „Arbeitspotential“ für unseren gemeinsamen Weg zum Ziel!!

Genauso wie in der nächsten Weisheit:

„Gib jedem Tag die Chance, der schönste deines Lebens zu werden!“

Was würdest du sagen, wenn wir genau daran zusammen arbeiten?

Gute Idee, nicht wahr!! Ich versichere dir, das ganze Buch steckt voller Tricks, um das gemeinsam hinzukriegen, also los geht’s... let´s do it…

Am Anfang ist es wichtig, sich Gedanken darüber zu machen, wie das aktuelle Leben aussieht:

der Tag
die Woche
die Monate
der Urlaub
die Feiertage

Welche Dinge bzw. Umstände erfreuen dich, begeistern dich oder liebst du?
Welche Umstände lassen dich schlecht denken, traurig werden oder sogar wütend und zornig werden?

Ich bitte dich jetzt, diese Arbeit sehr gewissenhaft zu absolvieren…

Sie ist der Anfang einer schöneren, glücklicheren Zeit….

Nachfolgend findest du eine Liste, in die du alle Dinge, Umstände und Situationen eintragen kannst, also eine Standortbestimmung zu deiner Person machst!

Nimm dir Zeit dazu, geh‘ mit dir ganz offen und ehrlich um

-es geht hier nur um dich -

und dein zukünftiges neues Leben!!!

Konzentriere dich ein paar Minuten auf die Fragen, beantworte sie dann so spontan wie möglich (schreibe einfach alles auf, ohne zu werten), dann sortiere dich ein bisschen und schreibe weiter, je mehr, desto besser...

Einfach alles rauslassen!!

Schreiben, schreiben und wieder schreiben!!!

Du willst alles wissen!!

Was will ich nicht mehr?
Was will ich nicht mehr haben?
Was stört mich an meinem Leben? (An mir, in Beziehungen, im Job, Geld usw.)

Schreibe, soviel dir dazu einfällt (erst dann weiter lesen!!!!)

Fällt dir noch was ein?
Ja,…… dann ergänze …. z. B.: Die Politik? Die Welt? Die Mitmenschen?

....

....

....

....

....

....

....

....

....

....

....

....

....

....

....

....

....

....

....

....

....

....

....

....

....

....

....

....

....

....

Raus damit, nur so hast du eine Chance, Unangenehmes, Beängstigendes, Negatives, Altes ein für alle Mal zu begraben, abzulegen!

Ich bin dein ganz persönlicher Coach auf dem Weg zu mehr Glück, Gesundheit, Erfolg und Reichtum…
Ich helfe dir auf deinem neuen Weg, Stück für Stück, nur eines darfst du dabei nicht vergessen, **gehen musst du alleine**!!!!
Darum nimm die an dich gestellten Aufgaben ernst, damit du am Ende auch den Erfolg ernten kannst!!

Geschafft!!!
Na, wie fühlst du dich? Erleichtert? Müde? Leer? Traurig? Frustriert?

Ganz egal…. Es ist ein „kurzfristiges" Gefühl!
Mir ist im Moment nur eines wichtig, dass du überhaupt etwas fühlen kannst! ☺
Kannst du?
Gratuliere!! Dann sind wir auf dem richtigen Weg und haben die Chance, langfristig das zu erreichen, was wir uns zu Beginn vorgenommen haben: nämlich glücklicher, erfolgreicher und reicher zu werden!

„Alles, was wir sind, ist ein Resultat dessen, was wir gedacht haben"
(Buddha 563-483v.Chr.)

Ich finde, das Zitat passt sehr gut zu unserem gemeinsamen Vorhaben.

Wir haben den ersten großen Punkt unserer Vorhabensliste aufgearbeitet und du weißt jetzt ganz genau, was du in deinem Leben nicht mehr haben willst, was dich nervt, usw.

Denn in jedem Menschen lebt eine Sehnsucht, [1)]
die einen neuen Anfang verheißt.
Wage den Aufbruch,
dann geht ein Traum in Erfüllung,
wird deine Vision wahr.
Mache dich auf den Weg, gehe ihn voller Zuversicht,
damit du findest, was du suchst:

DICH, DICH, DICH, DICH, DICH, DICH.

Ich will dir nicht beweisen, wie unmöglich dein Leben bisher verlaufen ist und wie du alles hättest besser machen können, nein ganz und gar nicht!

Die Arbeit mit den eigenen Gefühlen und Gedanken (man kann auch „Energiearbeit“ dazu sagen) ist eine spannende und sehr schöne Art, sein Leben bewusster und harmonischer zu gestalten.

Diese Art von Arbeit an sich braucht Zeit, nimm dir diese Zeit, werde nicht ungeduldig, sondern arbeite dich langsam nach vorne, manches wird sofort klappen, manches ein wenig länger dauern.

Kennst du Fügungen? Nein?
Fügungen sind Ereignisse, Begegnungen, usw., woran man erkennt, dass sich etwas tut, d.h. es läuft in die von dir gewünschte Richtung (man ist sozusagen zur richtigen Zeit an der richtigen Stelle).

Beginne nach deiner Standortbestimmung, fröhlicher zu werden, du kannst stolz auf dich sein.
Du weißt, was du nicht mehr willst!! Gratulation!
Sei natürlich, nimm dich, so wie du bist!

Sage nicht: Oh je, was bin ich denn für eine??? That´s no go!!!!!!!!!!!!!!!!!

Vergiss das!!! Endgültig!!!!
Das ist Geschichte!!!!

Klopf' dir auf die Schulter, bleib' dran!
Lobe dich, nimm dein Leben in deine Hände! Jetzt, nicht irgendwann!

Ab sofort gilt:
Mach dir keine Sorgen mehr, wie das alles werden soll!
Nimm dir jeden Tag ein wenig Zeit, um über deine Ziele/Wünsche nachzudenken, oder noch viel besser, rede mit dir über deine Ziele/Wünsche! Freu dich darauf! Folge den Fügungen, erzwinge nichts, dann werden sich deine Wünsche manifestieren, sie müssen es, weil du die Kraft dazu hast!

Niemand ist getrennt von der unendlichen kosmischen Kraft, viele haben nur vergessen, dass sie diese Kraft in sich tragen und nur nutzen müssen!
Es gibt die Kraft der unendlichen Freude!
Es gibt die Kraft der Fülle!
Es gibt die Kraft der richtigen Lebensenergie!
Diese Kraft ist deine Kraft, denn du bist diese Kraft!
Diese Kraft unterliegt den universellen Gesetzen und sie ist absolut.
Kein Mensch kann dir diese Kraft nehmen.
(kein Chef, der dir Druck macht, keine Gesellschaft, die nur oberflächlich denkt, keine Besserwisser, keine Angstmacher…. Niemand!!!) [2)]

Du kannst alles, was du wirklich willst!!!
Vertraue darauf!!!

Kapitel 2

Deine Gefühle und Gedanken

Gibt es einen Unterschied?

Es gibt klare Definitionen, die versuchen, den Unterschied zu erklären.

Gedanken: [3)]
Einfall, Idee, Erkenntnis
Informationen, welche durch den Vorgang des Denkens zustande kommen.

Gefühle: [3)]
Gespür, Sinn, Empfindung, Emotion, Befinden, Intuition:
Einschätzungen, die nicht auf Überlegungen beruhen.

Beide Aspekte sind in deinem Leben wichtig.
Ich möchte dir an dieser Stelle erklären, warum ich absolut überzeugt davon bin, dass Gedanken alleine dein Leben nie und nimmer verbessern werden.
Das bedeutet für dich, ich bin der 1000%igen Meinung, nur beide Dinge zusammen machen dich wirklich glücklich.

Wenn du lernst, Gefühle und Gedanken zu verknüpfen, dann wird dein Leben eine sehr viel positivere Richtung nehmen.

Fragst du nicht auch des Öfteren, warum unser Leben so mühselig ist?
So schwer?
Soviel Kraft in Anspruch nimmt?
Trotz aller Intelligenz, Brillianz und „Schönheit" des einzelnen Menschen?

Nun stehen wir da, können alle körperlichen Alterserscheinungen „vertuschen", haben die beste Schulmedizin, fliegen im Weltall umher, kennen fast alle physikalischen Gesetze, um uns das Leben vermeintlich zu erleichtern, haben Stars und Vorbilder und nützen darüber hinaus alle technischen Errungenschaften.

Trotzdem sind viele Menschen ausgelaugt, traurig, bekommen Krebs, einen Herzinfarkt, fallen einem Verbrechen zum Opfer usw.

Was soll das Ganze? Ist das normal? Gehört das einfach zu unserem Leben?

Alles begann damit, dass Menschen schon immer in verschiedene Gesellschaftsgruppen hineingeboren wurden und ihnen die unterschiedlichsten Meinungen, Regeln und Glaubenssätze auf ihren Lebensweg mitgegeben wurden.
Wie zum Beispiel: „Schuster, bleib‘ bei deinen Leisten!“ „Träume sind Schäume!“

Es war auch üblich, sich nur unter seinesgleichen zu bewegen, z. B. waren früher Mägde und Knechte gesellschaftlich anders angesehen bzw. gar nicht, Könige und andere Adelige dagegen sehr. Die „Kleinen“ wurden von den „Großen“ beherrscht.
Bis zum heutigen Tag ist eines geblieben, es gibt nur ein paar Menschen, die wirklich wissen, was sie wollen und die große Lebensziele haben. Viele andere lassen sich treiben bzw. irren planlos umher. Sie sind also ziellos und glauben, das müsse so sein. Diese Menschen meinen, ihre „ungerechte“ Lebenssituation und/oder die äußeren Umstände sind dafür lebenslang verantwortlich.

Heute machen, tun und kämpfen wir, wie vorher unsere Eltern und deren Eltern.
Ständig zerbrechen wir uns den Kopf über unser Leben und sterben am Ende noch viel zu früh, aus lauter falscher Sorge, dem Leben nicht gewachsen zu sein.
Wir glauben, dieser „Teufelskreis“ gehöre zu unserem menschlichen Dasein und sei völlig normal.

Und nun sage ich dir: Alles ist nur ein Mythos, alles ist Quatsch….jeder kann sein Leben in die Richtung bewegen, in die er möchte, vom glücklichen Familienleben über eine „megasteile“ Karriere, bis hin zu besserer Gesundheit!
Wie denn? Es gibt doch schon tausende Bücher auf dem Markt über Glück, Geld, Erfolg, positives Denken, ein erfülltes Leben usw. usw., aber nicht ein einziges dieser Bücher hat mich aus meinem Chaos befreit!
Ich sage dir, es ist ganz einfach! Du musst nur etwas ganz Entscheidendes lernen für dein Leben…unsere Schöpferkraft liegt in der Verknüpfung von unseren Gedanken und Gefühlen. Verknüpfe deine Gedanken mit absolut ehrlichen, freudigen und tiefen Gefühlen.

Lerne das Leben mit allen Sinnen zu leben!!!

Hineinfühlen und denken…Das ist das Ultimative und Genialste, was es gibt, um dein Leben so zu leben und zu gestalten, wie du es möchtest….

Schritt für Schritt!

Es gab noch keine Bücher, die dir eine Schritt-für-Schritt-Anleitung lieferten, um dein Leben nachhaltig und langfristig zu ändern.
Jetzt hältst du das Erste in Händen, einfach und nachvollziehbar!
Diese Anleitung wird dir helfen, den Sinn des Lebens vollkommen neu zu entdecken!
Du wirst aus deinem Leben das machen, was du schon immer haben wolltest:

Glück, Gesundheit, Reichtum und Erfolg

Also dann folge mir und meinem Buch Schritt für Schritt, jeden Tag ein Stückchen und du kommst an dein Ziel...ganz bestimmt!
Ich begleite dich dabei, darauf kannst du dich verlassen!

Warum sollen Gefühle mächtig sein?

Es gibt zwei Arten von Gefühlen:

Die Guten	die Schlechten
Die Positiven	die Negativen

Ich denke, dir kommen beide genauso bekannt vor wie mir.

Welche Gefühle wir lieber haben, steht außer Frage, oder?

Wir Menschen fühlen uns am wohlsten, wenn es uns gut geht!

Weißt du, wann das bei dir ist?
Wann geht es dir richtig gut?

Ich denke, bei dir ist das ähnlich wie bei mir, wenn du tief drinnen ein sehr, sehr gutes Gefühl spüren oder erzeugen kannst!
Dann geht es uns gut, und dieses „Glücksgefühl" brauchen wir in unserem neuen Leben so oft wie möglich!
Dieses Gefühl ist eines der großen Geheimnisse, die es zu lüften gilt, wenn du richtig glücklich werden willst!

Dieses „megageile" Gefühl kannst du erzeugen!!!
Lerne es!!!
Gemeinsam mit mir!!!
Dann klappt alles, genauso, wie du es dir wünschst!

Gefühle stehen ganz am Anfang unserer Handlungen und ohne sie würden wir nichts Großes beginnen!

Dazu ein Beispiel aus dem Leben:

(Ich weiß, es ist nicht so ganz frauengerecht, aber trotzdem aus dem Leben gegriffen; ANM. von mir: damit habe ich meinem Mann verklickert, wie das so ist mit der Energiearbeit, denn ihr wisst ja: Männer sind Männer und darum nicht „spirituell!“ ☺ Unsere Jungs stehen gern auf „nackte Fakten“)

Wer baut schon ein Haus - ohne ein Bild davon zu haben, wie es am Ende aussieht? Man sieht sich regelrecht in seinem Haus leben und arbeiten, man kann es förmlich fühlen, in seinem Haus zu „wohnen“.
Und das alles, bevor man beginnt, einen Plan zu zeichnen oder in Auftrag zu geben.

**Jeder, der beginnt, ein Haus selber zu bauen, fühlt jeden einzelnen Zentimeter seiner Vision, seines Traumes und hört erst auf, daran zu arbeiten, wenn er das Gefühl hat:
Jawohl, jetzt ist es perfekt!!!!**

Welcher Sportler übt kleine Ausschnitte aus seiner Disziplin ohne großes Ziel….
Er will den Erfolg, er fühlt den Erfolg, er will es…

Wer geht eine Beziehung ein, ohne das gute Gefühl, einen Menschen 100%ig zu bejahen?
Hoffentlich niemand, der wirklich glücklich sein will!

Menschen, die ihren Partner mit all seinen Ecken und Kanten bejahen, eben das besagte, wirklich echte gute Gefühl haben, werden glücklich miteinander, die anderen werden wieder einmal feststellen müssen: „Warum gerate ich immer an den Falschen?“

Wer kennt sie nicht, die Glücksmomente?

Diese Momente zu erzeugen, ist das Geheimnis der glücklichen Menschen…

Beschränken wir unser Denken auf das Schöne… auf das, was wir wollen…
dann wird es auch so kommen…..

Wie kommst du dahin?

Den ersten Schritt dahin haben wir bereits getan…
„ausgemistet“,
die Dinge auf den Punkt gebracht, die du nicht mehr haben willst bzw. die dich total annerven!

Als nächstes musst du dir überlegen, ob du wirklich ausbrechen möchtest aus deinem Hamsterrad, in dem deine Gefühle dich steuern und nicht du deine Gefühle…

Willst du?
Dann eine kleine Übung:

Such‘ dir ein schnuckeliges Plätzchen, mach‘ es dir für ein paar Minuten gemütlich.
Denke jetzt an etwas ganz Schönes, ein Erlebnis, das dich bewegt, berührt oder begeistert hat. Hole es aus deiner Vergangenheit hervor, lass‘ alle möglichen Bilder dieses Ereignisses in deinen Gedanken hochkommen,…merkst du etwas? Es stellt sich ein sagenhaft gutes Gefühl ein, oder?
Genieße es…

So wird es später alle Tage sein…,
darauf arbeiten wir gemeinsam hin.

Das Leben kannst du bestimmen durch deine „täglichen“ Gefühle, manchmal geht es leichter, sich gut zu fühlen, ein anderes Mal müssen wir uns ein wenig MANIPULIEREN
(keine Angst, es schadet dir ganz, ganz sicher nicht!)

Sich selber ein wenig zu manipulieren, ist am Anfang notwendig, um glücklich und erfolgreich zu werden und mal ganz ehrlich, lieber tun wir das doch selber, als dass es andere mit uns auf die Dauer tun, oder?
Wie gesagt, es ist nur zu unserem Besten!

Wie geht es dir, wenn du gut drauf bist?

Alles macht mehr Freude, man hat mehr Ausdauer, man lacht mehr, man sieht die Welt mit anderen Augen.
Man hat das Gefühl, man ist unbezwingbar….

Wie fühlst du dich, wenn du mies drauf sind?

Genervt, müde, das Leben erlebt man wie im Vorbeiziehen, man tut die Dinge wie ein Roboter, man funktioniert….
Ist es das, was du weiterhin möchtest? Ist das lohnenswert? Wohl kaum, oder?

Also dann, los geht´s… Warum nur davon träumen?

Es klingt vielleicht paradox, aber die guten Gefühle kann man erzeugen, ganz egal, wo man gerade ist.

Bereits vor Jahren wurde wissenschaftlich bewiesen, dass es für unser Gehirn vollkommen egal ist, ob es Außenreize sind, die sich gut anfühlen, oder ob wir den Reiz innerlich erzeugen (uns also etwas vormachen) um uns gut zu fühlen!

Dazu folgendes Beispiel:

Stell‘ dir einen schönen grünen Wald vor, du gehst darin spazieren und kommst an einen plätschernden Bach. Du hörst die Vögel zwitschern und den Bachlauf plätschern.
Wie fühlt sich das für dich an?

Entspannt, oder? Du wirst dich kaum ärgerlich oder wütend fühlen, denn unser Gehirn schaltet automatisch auf Entspannung um!

Durch diesen Mechanismus in unserem Gehirn können wir vieles durch bestimmtes Fühlen und Denken beeinflussen!

Es ist eine kluge Entscheidung, wenn du startest, täglich gute Gefühle hochkommen zu lassen, dann wird viel Positives passieren, ganz unbewusst werden sich Dinge in deinem Leben verändern. Vor allem dein eigener Fokus wird sich verändern!

Versuche, positiv zu denken, formuliere das, was du willst, denn dein Unterbewusstes kennt das Wort NICHT nämlich nicht!!

Dazu ein kleines Beispiel:

Falsche Formulierung für unser Gehirn:
Betreten der Grünflächen verboten!

Richtige Formulierung:
Bitte benutzen Sie die Gehwege!!

Das gute alte Bauchgefühl, deine Intuition

Kennst du das? Nein,… oder vielleicht nicht mehr?

Ich glaube ganz fest daran, dass jeder Mensch auf diesem unserem Planeten sein Bauchgefühl hat, auch wenn es vielleicht ein wenig „verstaubt" in der hintersten Ecke unseres Körpers schlummert.

Wir haben schlichtweg verlernt, in der modernen industrialisieren Welt darauf zu achten.
Wir lassen uns permanent von irgendwelchen äußeren Einflüssen „steuern", ohne wirklich darüber nachzudenken, ob uns dieses oder jenes gut

tut bzw. ob wir uns pudelwohl fühlen in unserer Haut, in unserem Körper, mit unseren Entscheidungen, ganz einfach mit unserem Leben.

Viele Menschen verdrängen das „an sich arbeiten“ lange Zeit und stellen dann irgendwann fest, dass das Leben sehr oberflächlich und einsam geworden ist.

Sie haben das Gefühl, keiner verstehe sie wirklich, zusätzlich entsteht ein Gefühl der Einsamkeit und der Leere in ihrem Inneren und es tut sich die Frage auf:

Was soll der ganze „Zirkus“ eigentlich?
Wofür lebe ich?

Tja und spätestens dann sollte man erkennen, dass diese Leere in einem selbst begann und sich langfristig im Äußeren spiegelt.
Dieses Spiegeln wird immer unerträglicher, bis man entweder zum alten „Griesgram“ mutiert oder beginnt, sein Leben zu ändern.
Beginnen wird es immer bei deinem eigenen guten Bauchgefühl, – einfach mit dem inneren Wohlgefühl, hm, geht's mir gut!

Diese Zeilen bedeuten aber nicht, dass man alles perfekt machen muss, um glücklich zu sein, nein, sie sollen sagen, dass alles, was man für sich mit einem guten Gefühl bejahen kann, richtig ist! Egal, was alle anderen davon halten!!

Dazu gehören auch getätigte Fehlentscheidungen, diese brauchen wir, um zu wachsen, Erfahrungen zu sammeln und um zu erkennen, was wir wirklich wollen und was nicht.

Mal Hand aufs Herz:
Wer hat nicht schon mal einen Blödsinn gemacht?
Das gehört einfach zum Leben dazu!

Eigene Fehler (mit gutem Bauchgefühl vorausgesetzt) hinterlassen keine Trümmerfelder, sondern dienen unserer Entwicklung und wir können im Nachhinein sogar darüber schmunzeln! ☺

Alles schön und recht, was ich da lese, denkst du:
„Und wie finde ich mein gutes Bauchgefühl wieder?“

Durch Üben… Üben und nochmals Üben…
„Wie lange?“
„Wann merke ich etwas?“

Sein Leben neu zu gestalten ist ein Entwicklungsprozess!
Dieser Prozess braucht Zeit!!
Gib sie dir!!
Es ist in jedem Fall immer ein Fortschritt zu erkennen, tagtäglich, immer ein wenig mehr!

Schlussendlich liegt es an dir, wie schnell du deine Gedanken und Gefühle umkonditionieren kannst.
Je vorurteilsfreier du an die Sache rangehst, desto schneller wirst du all deine Wünsche erreichen!

Mein Tipp:
Werde ganz ruhig…
Schließe deine Augen…
Denk‘ nur an dich…
Keine Vorwürfe,
keine Anschuldigungen,
nichts, rein gar nichts ist wichtig!

Wie geht es Dir?

Mir geht es gut, ich bin ganz bei mir, bei mir ganz alleine, ich bin ich…
Träume…
Stelle dir ein Bild vor,

eines, das dich glücklich macht (etwas, das du schon einmal erlebt hast) erzeuge jetzt diese Glücksgefühle....
Rieche die Luft...
Spüre die Wärme...
Spüre deine unbändige Freude, dein Glück, spüre alles ...mit all deinen Sinnen...
Sei zufrieden mit diesem Bild .....lächle ein wenig....
Dein Lächeln wird immer größer...du bist glücklich...

Jetzt spürst du das gute Bauchgefühl ☺
Es wird sich im Laufe der Zeit ganz von alleine einstellen, und du wirst erkennen, was dir wirklich gut tut und was du möchtest... dieses Gefühl wird dich leiten!

Können Gefühle und Gedanken mein Leben beeinflussen?

Jeder Mensch auf Erden hat Gefühle und Gedanken und denkt, er kennt die Realität,
das ist das, was er sieht,
aber jeder von uns hat eine andere Realität.

Gefühle und Gedanken versetzen dich in Hochstimmung oder lassen dich eine Bauchlandung machen.
Wie geht es dir, wenn du schlecht geschlafen hast, der Wecker klingelt, du innerlich mit dir ringst, ob du tatsächlich aufstehen musst und dir dann noch kräftig den kleinen Zeh‘ an der Badezimmertür anstößt?
Du denkst bestimmt:
So ein Mist,
na, das kann ja heute heiter werden,
immer passiert mir so was!
Warum immer ich!?
So ein Scheiß... im Klartext, dieser Tag ist für dich gelaufen.

Er könnte dann für dich folgendermaßen weitergehen:

Du tappst mit schmerzverzerrtem, mürrischem und grantigem Gesicht ins Bad,
beim Blick in den Spiegel denkst du: „Oh Gott, wie seh‘ ich denn heute aus!?
Mist, meine Haare liegen heute nicht richtig,
oh, meine Falten,
ich bin schon wieder zu spät,
bestimmt sind wieder alle Ampeln rot,
Stau,
die Kollegen nerven bestimmt auch wieder!“

Auch den Rest deiner Mitmenschen findest du heute wieder besonders pingelig und so weiter und so weiter.
Hand auf ´s Herz, kennst nicht auch du diese Tage, an denen einfach alles schief geht?

Ich will dich an diesem Punkt darauf hinweisen, dass all das, was du mit deinen Gefühlen und der negativen Schwingung in Gang gesetzt hast, von dir selbst kommt.
Du könntest beim nächsten Mal am Morgen einfach über dich lächeln und versuchen, dich positiv in Schwingung zu bringen und du kannst dich darauf verlassen, es wird ein guter und erfolgreicher Tag!

Mein Tipp:
Teste es einfach!!
Probieren geht über studieren!

Du darfst über deine Gefühle bestimmen, in jeder Minute, ganz alleine!
Egal, was du denkst oder fühlst, deine Gedanken und Gefühle sind frei!

Mein Tipp:
Hole dir ein begeisterndes, freudiges Gefühl her
und denke an die Situation so, wie du sie haben willst,
warte ab, was passiert,
denn du darfst dich über so manches AHA-Erlebnis freuen!!

Denkst du:

Mein Leben ist ein ewiger Kampf!
Ich kann ja sowieso nichts daran ändern.
Ich bin überfordert!
Mein Partner versteht mich doch sowieso nicht!
Ja, so sind Kinder halt mal!
Echte Freunde gibt es nicht mehr!
Die Menschen sind so ungerecht und unmöglich!
Das ist nun mal mein Schicksal!
Tja, man wird halt alt....dann kommen die Wehwehchen....
Ich habe immer Stress!
Alles nervt mich!

Erzeugst du da gute Gefühle?
Wie geht es dir, wenn du diese Sätze liest?

Wirst du nicht auch, wie ich, frustriert, müde, wütend oder sogar traurig dabei...
Wenn man so denkt, kann man sich nicht glücklich fühlen, nie und nimmer geht das!

Darum ist es so entscheidend, wie jeder Einzelne von uns denkt!
Wirklich!
Echt!
Ganz sicher!!
Und lernt, gute Gefühle zu erzeugen!

Vertraue dem Leben, deinen Emotionen und Intuitionen, freue dich darauf, sie zu entdecken!

Du sollst Spaß haben am Leben,
dich darauf freuen,
aktiv werden,
lachen und viele neue Dinge tun...

Denke ab sofort immer:
ES GEHT …., nicht: ja aber!!!!!!!!!!!!!!!!!!!!
Denn die Kraft liegt in dir,
vertraue darauf!!!

Erzeuge gute Gefühle in dir, Glücksgefühle!

Denke an deine Wünsche immer und immer wieder,
beginne, mit dir selber zur reden (ist echt witzig ☺ und sehr erfolgsentscheidend)!

Rede dir dein Leben passend!!!
Du schaffst das ….
Gleiches zieht Gleiches an!!!
Es gibt nichts, was du nicht kannst!!!
Höre auf dich und deine ganz persönlichen Dinge werden sich ändern.
Du wirst das erhalten, was du wirklich willst!
Versprochen!

Viele verschiedene Erfahrungen/Entscheidungen werden dir helfen, dich zu entwickeln und erfolgreich zu werden.

Wie denkst du?

Eine persönliche Frage an dich:
Wie denkst du so tagein und tagaus?

Stell‘ dir diese Frage jetzt einfach, genau in diesem Moment!

Ich glaube, viele von uns denken nicht mehr…..sie überlassen es den anderen.
An diesem Punkt beginnt aber für viele Menschen der „Teufelskreis“!

Sie überlassen das Denken anderen;
ein Beispiel dazu:

Weißt du, dass es in Deutschland noch nie so viele Verkehrsschilder gab wie heute?
Warum wohl?
Uns wird das Denken abgenommen!

Ohne jemanden persönlich angreifen zu wollen, muss ich mit Entsetzen feststellen, dass viele Menschen nicht mehr ganz bewusst entscheiden, sondern entscheiden „lassen“, weil es dadurch im Leben so herrlich bequem geworden ist.

Nur an diesem Punkt muss jedem klar sein, wenn wir nicht anfangen bei uns bzw. an uns selber zu arbeiten, wird sich nichts, aber rein gar nichts in unserem Leben verbessern oder ändern!

Geschweige denn, dass sich irgendwas in unserem Umfeld verbessert!

Du wirst weiterhin auf ein Wunder hoffen, an das vermeintlich gute System glauben und denken, „der liebe Sozialstaat wird's schon richten“ und irgendwann alt, sehr alt sein und dir die Frage stellen:
„Und das soll es nun gewesen sein!“
„Habe ich mein Leben vergeudet?“

Nachdem du zu meinen Lesern gehörst, glaube ich, dass du dich von dieser Spezies Mensch abheben möchtest und dich auf dein zukünftiges Leben freuen willst, es aktiv in die Hand nehmen willst!
Trotz aller Zweifel deines Umfeldes, dass du jemals etwas besser machen könntest als sie selber!

Du willst nicht mehr zu denen gehören, die jammern, die neidisch sind, die bequem geworden sind, die alles besser wissen, über alle ablästern, **nein….du willst du selber sein und dein eigenes Leben leben.**

Lass die anderen über andere reden, kümmere du dich um dich und um deine Liebsten!
Vergiss die ganzen Besserwisser und griesgrämigen Mitmenschen.

Verurteile sie nicht, schenk‘ ihnen einfach keine Beachtung und denke nicht mehr über sie nach!
Jedem das Seine, …..

Jeder Einzelne von uns lebt auf dieser Welt nur einen Wimpernschlag der Zeitgeschichte und kann nichts von dem, was ihm in diesem Leben so wichtig ist, mitnehmen, jeder wird alles zurücklassen, alles Materielle (sein Haus, sein Auto, seine Ländereien usw.)…..nur eines nicht… seine Emotionen, Gefühle und Gedanken, die bleiben jedem Einzelnen von uns…
für immer!

Keiner weiß es besser als der andere, das heißt, niemand kann einem anderem seinen Willen oder seine Lebenseinstellungen aufdrücken…
kein Mensch auf dieser Welt darf das….

Jeder von uns hat das Recht, sein Leben nach bestem Wissen und Gewissen zu gestalten!

Tja und das haben die meisten von uns schlichtweg vergessen!

Und du?
Du nicht oder nicht mehr!
Du weißt, es geht um uns und um unser richtig gutes Leben!!
Darum haben wir uns über dieses Buch „kennengelernt“!

Kapitel 3

Warum etwas ändern?

Gute Frage von dir!

Jetzt meine Frage:

Bist du wirklich und wahrhaftig glücklich und zufrieden mit deinem Leben?
Gelingt es dir, Arbeit, Karriere, Beziehung, Kinder, Freunde, Eltern, gesellschaftlichen Verpflichtungen und dir selber gerecht zu werden?

Triffst du deine Entscheidungen wirklich ganz bewusst?
Kannst du jede Entscheidung in deinem Leben von ganzem Herzen bejahen?

In jedem Moment, in dem du Entscheidungen triffst, solltest du diese mit voller Überzeugung treffen!
Die Entscheidung sollte zu deinen Gefühlen passen.

Auf dem eigenen Lebensweg kann man Entscheidungen natürlich ändern, aber bedenke, je mehr Entscheidungen wir treffen, bei denen wir den rationalen Verstand und das gute Bauchgefühl miteinander verknüpfen, umso weniger Entscheidungen werden wir zukünftig ändern wollen oder müssen.

Eigene und bewusste Entscheidungen helfen, sein Leben entspannt und ohne Zweifel anzugehen!

Klingt logisch, oder?

Wenn das bei dir nicht so sein sollte, dann solltest du dein aktuelles Leben ein klein wenig hinterfragen.

Falls sich bei dir folgende Gedanken auftun:
Nun ja, bei mir ist das mal so und mal so,
manche Entscheidungen werden mir aufgedrängt,
was sind bewusste Entscheidungen? Ich habe keinen blassen Schimmer!

Dann hast du keinen Grund zur Panik, nur eines wäre jetzt für dich von Vorteil:
Tue ein bisschen was für dich und dein zukünftiges Leben.
Du hast ein schönes und glückliches Leben verdient!
Jeder von uns!!
Du kannst es Schritt für Schritt angehen, denn
Rom wurde auch nicht an einem Tag erbaut!

Also, noch mal, hast du irgendwas bei dieser Sache zu verlieren?

NEIN, NEIN, NEIN und nochmals Nein!!!!!!!!!!!!!!
Im Anschluss folgen ein paar Stationen meines „alten" Lebens:

Am Anfang meiner beruflichen Laufbahn konnte ich ein paar Jahre „Bankluft" schnuppern, an dieser Stelle sei allen Kollegen und Kunden gedankt, die mich „ertrugen" , denn das war absolut nicht mein Ding… zu langweilig, zu trocken und vor allem viel zu oberflächlich für mich!
Danach stellte ich mich der Herausforderung, im Vertrieb eines Kosmetikunternehmens zu starten. Meine Arbeit umfasste die Tätigkeit im Kosmetiktermin (also inkl. Produkte an die Frau zu bringen) und das Aufbauen des Vertriebsnetzes (Auswählen, Einarbeiten und Weiterbilden der neuen Kolleginnen).
Die Arbeit war lange Zeit eine sehr erfüllende und interessante Herausforderung für mich, sowohl finanziell als auch persönlich und ich genoss die Chance, mich im Bereich Verkauf, Rhetorik und Coaching intensiv weiterzubilden.
Privat war mein Leben in dieser Zeit eher von der langweiligen Sorte, es lief halt so dahin, mein Fokus galt meinem Job und meiner Karriere.
Es gab nur den Job, alles andere wurde ausgeblendet.

Diese Entscheidung habe ich zum damaligen Zeitpunkt sehr bewusst getroffen, sie war gut so.
Nur etwas fehlte… die ganz private Seite von mir…
Kühle, ehrgeizige, distanzierte und erfolgreiche Frau nannte man mich, die irgendwo noch einen Mann und zwei Kinder hatte. Das war meine „tote“ nicht selbstbestimmte Seite, was mir zum damaligen Zeitpunkt aber nicht bewusst war.
Und dann?

Tja, dann war ich da, wo du vielleicht heute stehst!

Ist das alles?
Will ich das wirklich?
Wer bin ich überhaupt?
Lebe ich oder werde ich gelebt?
Was soll das alles?
Usw. usw.

Viele dieser typischen Gedanken drängten sich permanent auf, immer und immer wieder.
Also begann ich zu denken, zu fühlen!
Natürlich auch viel zu lesen!
Genau wie du,
nur mit der leider etwas schwierigeren Ausgangssituation, viele Informationen aus den Büchern testen zu müssen und mir meine „Glücksanleitung“ selber zurechtzulegen!
Du hältst sie bereits in Händen, erfolgserprobt und einfach,
du musst es nur versuchen!!!!
Ich helfe dir dabei, ich bin dein Coach, ich begleite dich ein Stückchen deines Weges, bis du mich nicht mehr brauchst! Sprich, bis du es geschafft hast!
Jeder kann gewinnen,
was mein eigenes Leben betrifft, kann ich dir nur sagen, dass ich viel zu lange mit mir und dem falschen Weg gerungen habe… schlichtweg auf dem Holzweg war… sowohl beruflich, wie privat.

Ich war also jemand von der langsamen Sorte (☺), ich hatte viele Sorgen und Ängste, die mich blockierten, aus meinem alten Leben auszubrechen, obwohl viele Geschehnisse zeigten:
Ändere was!
Tja, und dann?
Auch der Langsamste kommt irgendwann ans Ziel… und da bin ich nun…
Was ist heute in meinem Leben anders?
Ich lebe alle Facetten des Lebens.
Privates und Berufliches sind ausgewogen, also in Balance.
Ich habe vor Jahren meinen „Traumprinzen“ kennen gelernt und bin glücklich verheiratet.
Glücklich, wirklich glücklich, so wie ich es mir gewünscht und erfühlt habe!

Wir ergeben alle zusammen eine bunte und glückliche Patchwork-family…
Allen, die jetzt schmunzeln, sei gesagt, es funktioniert, tatsächlich, trotz aller „EXEN“!
Beruflich habe ich fast komplett umgesattelt und mein Studium zum Psychotherapeutischen Heilpraktiker mit der Prüfung vor dem Gesundheitsamt abgelegt.
Durch die vielen verschiedenen Aus- und Weiterbildungen in meinem Leben habe ich sehr unterschiedliche Denkanstösse mitbekommen.
Seit Jahren dreht sich mein Leben um die Wünsche und Bedürfnisse der Frau von heute.
Egal, ob früher in der Kosmetikbranche oder heute als Lifestylecoach im Termin oder am Telefon.
Ich habe festgestellt, dass ich Frauen wirklich unterstützen kann und dann begonnen, dieses Buch mit meinen funktionierenden Tipps zu schreiben.
Mein beruflicher Weg ist der, den ich mir immer gewünscht habe, er war nicht immer leicht zu erkennen, aber wenn man auf sich und sein gutes Bauchgefühl hört und Fügungen nicht übersieht oder überhört, wird das

Leben einfach wunderschön und angenehm… Vieles wird leicht und funktioniert wie von selber.

So kann es auch bei dir werden…

Los geht's!!!!!

Wir können nur gewinnen, wenn wir lernen, Grundtendenzen in unseren Gefühlen und Gedanken zu erkennen.
Alles, was man erkennt, kann man ändern!
Denn du weißt, für jeden noch so klitzekleinen Gedanken in deinem Kopf bist du verantwortlich! Genau wie ich und jeder andere Mensch auch!

Wirklich jedes Mal entscheidest du neu, welche Gefühle bestimmte Außenreize in dir hervorrufen!

Manche Außenreize lassen deine Gefühle im Moment unkontrollierbar erscheinen,
ich nenne ein Beispiel:
Du hast mit jemandem ein Gespräch…
es läuft nicht zu deinem Besten…
es kommt zur Diskussion…

Was passiert?
Dir wird warm, fast heiß,
deine Stimme verändert sich,
dein Herz beginnt wie wild zu schlagen,
du hast einen Kloß im Hals
und fühlst dich total mies und unverstanden
Klare Gedanken?
Fehlanzeige!

Warum nur?

Alte Glaubensmuster, nach dem Motto, wenn das und das passiert, dann geht es mir so und so!
Basta!
Ist eigentlich ganz easy zu verstehen:

Bestimmte Muster rufen diese Reaktion in dir hervor!

So, und was jetzt?

Diese Reaktionen gilt es aufzudecken und zu eliminieren!

Du kannst viel, sehr viel aus dir und deinem Leben machen, wenn du es zulässt, tatsächlich willst und anfängst, die ersten Schritte zu gehen, ganz egal, wie banal sie dir vielleicht im nächsten Kapitel vorkommen werden.

Tue es einfach,
beginne loszugehen, denn je mehr du überlegst und immer wieder in Frage stellst,
desto schwerer wird es!

Bedenke immer eins, früher hast du nie hinterfragt, warum du immer an „das will ich nicht" dachtest, es war ganz normal, so zu denken und genauso solltest du jetzt anfangen, den richtigen Weg mit den Gedanken des „das will ich" einzuschlagen!

Tag für Tag ein Stückchen mehr, egal, wie viel du davon umsetzen kannst…
Hauptsache, du tust etwas …
Für manches braucht man länger, manches geht richtig schnell, das liegt daran, dass jeder von uns ein Individuum ist und jeder ganz, ganz viele verschiedene Erfahrungen in seinem „alten" Leben gemacht hat und dadurch unterschiedlich viel Zeit in den verschiedenen Kapiteln meines Buches braucht!

Gönn' dir die Zeit, in der Gewissheit, dieses Mal schaffe ich das!!!!

Gemeinsam immer weiter…
das Ziel muss klar sein…
Glücklich, gesund, erfolgreich und reich und zufrieden zu sein!!!

Mal eine Pause machen…..
kein Problem….
aber es geht weiter bis zum Ziel!

Vergleiche es einfach mit deiner Fahrt in den Urlaub:
Du weißt, wo du losfährst,
du weißt ungefähr die Fahrzeit,
du kennst die „Staustellen“,
du hast dein Urlaubsziel…
dort ist es wunderschön!!
Da willst du schnellstmöglich hin!
Auf der langen Fahrt brauchst du die eine oder andere Pause,
du hältst zum Tanken,
und
(Achtung, jetzt kommt´s) du fährst immer, immer wieder auf die Autobahn bis zum ZIEL!!!!!

Guter Vergleich, oder?

Also, dran denken, Pausen sind erlaubt (man darf auch mal genervt sein), aber **immer** wieder in der richtigen Richtung weiterfahren!!!!

Auch der Langsamste kommt schneller ans Ziel
als der, der nicht aus dem Kreisverkehr rausfährt!

Soll ich mich das trauen?

Was gibt´s zu gewinnen?

Viel!!!

Soll ich oder soll ich nicht?

Was gibt´s zu verlieren?

Nichts, rein gar nichts!

Viele rationale Gedanken schwirren durch deinen Kopf! Alles Humbug! Alles Quatsch!

Ich bin doch Realist!

Ich glaube nur, was ich sehe?

Gib den neuen selbst erzeugten Gefühlen die Chance, dich ein paar Wochen zu begleiten, ohne darüber nachzudenken!

Über deine aktuellen Alltagsgedanken machst du dir sicherlich auch keine Gedanken, die nimmst du immer so hin, wie sie einströmen, darum jetzt meine Aufforderung an dich, tu‘ das mit den neuen Gedanken genauso.

Die Gefühle werden mit ein bisschen Übung über dich hereinbrechen und du wirst begeistert sein, was sich dabei schlagartig ändert!
Ein neues „Wahnsinns“-Lebensgefühl wird sich einstellen…. Du wirst so übermütig sein wie ein junges, ungestümes Pferd, das über die Koppel tobt.

So wirst du es erleben, es wird der größte und erfolgreichste Wendepunkt in deinem Leben!

Versuche es und bleibe ein paar Wochen daran!

Wenn du tagtäglich Zeit in dein Vorhaben investierst, dann wirst du es schaffen, erfolgreicher, glücklicher, gesünder und reicher zu werden.

Ein Schritt nach dem anderen wird dich mehr und mehr in die neuen Gesetze der Fülle einführen.

Es gibt viel zu gewinnen und rein gar nichts zu verlieren

Doch?
Es gibt etwas zu verlieren, wirst du jetzt denken
- meine Zeit, meinen Alltag, meine Sorgen -

Glaube mir, all das, weswegen du jetzt „Angst" hast, bleibt dir sowieso erhalten, falls du mit dem Gedanken spielen solltest zu scheitern, bleibt alles, wie es ist, außer du beginnst aktiv mit mir etwas daran zu ändern. Du hast doch in diesem Buch schon soviel geschafft, gehe diesen Weg weiter, er ist nicht umsonst!

Stopp! Beinahe hätte ich vergessen, es anzusprechen:

Auf dem Weg zum wahren Sein bzw. Selbstbewusstsein kann es schon die eine oder andere Phase geben, in der du dich im wahrsten Sinne des Wortes total beschissen fühlen wirst, müde, leer, traurig oder… rein gar nichts passiert.

Schau das als „Müllentsorgung" an.

Dazu ein Vergleich:
Wie ist es denn, wenn man ein Haus vollgemüllt übergeben bekommt und es Schritt für Schritt wieder zu neuem Leben erwecken will? Man ist hochmotiviert und steht am Anfang vor einem Berg Arbeit, man beginnt begeistert, die Möbel rauszuschaffen und all das, was man nicht mehr

benötigt. Mit jedem Platz schaffen entdeckt man aber auch noch mehr Arbeit, wie zum Beispiel:

- die Wand gehört doch gestrichen;
- der Teppich löst sich nicht so einfach wie gedacht vom Boden;
- der Laminat-Boden lässt sich nicht entsorgen wie vermutet, denn er ist plötzlich Sondermüll;
- die Vorhangstange wackelt und bricht aus;
- die Löcher vom Aufhängen der Bilder sind größer als erwartet und müssen vor dem Streichen erst zugegipst werden usw. usw. .

Man stellt also etwas weniger motiviert fest: Arbeit zieht Arbeit nach sich!
Für alle Beteiligten beginnt eine sehr anstrengende und schweißtreibende Zeit, in der es auch manche Frustträne gibt, denn man hat sich das ja ganz anders vorgestellt.

Es entsteht sogar kurzzeitig das Gefühl, es nimmt kein Ende,… also aufgeben?
Fehlanzeige, denn das geht ja gar nicht!! Ein Haus halb renoviert stehen zu lassen, das tut niemand!
Und dann? Gibt es ein **HAPPY END**, denn alles hat ein Ende und es ist auch perfekt geworden, genau so, wie man sich sein neues Heim immer vorgestellt hat.

So, jetzt wieder zu dir und deiner „Müllentsorgung“, es ist ein wichtiger und ganz normaler Vorgang, der da mit dir geschieht!
Dran bleiben, rede dir gut zu…. es ändert sich auch wieder…es kann sogar schlagartig sein, genau wie diese Emotionen, so wie sie in der Regel angeflogen kommen, verschwinden sie auch wieder.
Je entspannter du in diese Phase gehst, desto schneller vergeht sie auch wieder.
Mach‘ dich locker…☺

Ich möchte dich an dieser Stelle nicht weiter „bequatschen“, sondern ende jetzt, um dir die ersten Tipps und Tricks zu verraten, damit du am Ende das ernten kannst, was ich dir zu Anfang versprochen habe.

Kapitel 4

Die ersten Tipps und Tricks

Jetzt nenne ich dir ein paar von meinen Lieblingstipps, nicht schwer umzusetzen, aber mit genialer Wirkung. Bist du bereit?
(Denk‘ daran, probieren geht über studieren!)

O.k., dann legen wir los:

1. Lächeln ☺ ☺ ☺

Lächeln ist die beste Medizin!
Beginne jeden Tag mit einem Lächeln, auch wenn du dich noch so mies fühlst,
lächle dich an!
Grins‘ dich morgens im Spiegel an!
Lächle dich an und sprich gut mit dir!
Lächle andere Menschen an!
Es macht mehr Spaß, mit einem Lächeln durch den Tag zu gehen, mit erhobenem Kopf und zurückgezogenen Schultern!
Probier‘ es aus!!!!!!
Denk‘ nicht, na ja, mal schauen!! Nein, probier‘ es!!
Lächle auch in Gesprächen, nichts ist „uncooler“ und
„ätzender“ als Menschen mit herunterhängenden Mundwinkeln!

Zwing‘ dich am Morgen dazu, es wird dir gut tun!
Und: es tut sich mit einer Portion Lächeln schon sehr viel in deinem Unterbewussten!!!
Man kann sein Unterbewusstes tatsächlich beeinflussen und wir wollen es doch positiv beeinflussen! Stimmt´ s ? ☺

Lerne, bewusst mit dir zu lachen, erfreu' dich w i r k l i c h an dir und deinem Leben!

Das Lächeln sollte jedoch nichts Aufgesetztes oder Falsches sein, sondern ein wahrhaftes und echtes Lächeln!!!!

Das lässt dich gewinnen und authentisch wirken!!

2. Gesunde Ernährung ☺

Hm, auch dieses Thema gehört zu den nicht unerheblichen Faktoren in deinem neuen und bewussten Leben... Unser Körper ist das, was wir aus ihm machen!!

Mir fällt dazu ein Vergleich ein:
Sicher kennst du die Wirkung auf dein Auto, wenn du es nicht regelmäßig wartest oder permanent den falschen Sprit tankst,...
Es wird dich irgendwann im Stich lassen!!

Tja, und genauso ist es mit deinem Körper!! Du hast nur den einen!!
Du bist, was du isst!!

Um glücklich, gesund, erfolgreich und zufrieden leben zu können, müssen wir uns auch mit diesem Thema auseinandersetzen!

Fakt 1:

Genügend Flüssigkeit zu sich nehmen, 2-3 Liter, du wirst dich dadurch viel fitter, dynamischer und straffer erleben!

Wasser sollte es sein, egal in welcher Form, Hauptsache, du beginnst diesen Ratschlag umzusetzen, später kannst du dich, falls du das möchtest, eingehender mit diesem Thema beschäftigen!
Ich will dich jetzt sozusagen erst einmal vom Kreisverkehr in die richtige Richtung führen!

Fakt 2:

Je frischer, desto natürlicher und gesünder!

Vollkornprodukte, viel Obst und Gemüse sollten auf deinem Speiseplan zu finden sein.
Beziehe in deinen Essensplan auch das richtige EIWEISS (aber Vorsicht: Eiweiß heißt nicht automatisch: viel rotes Fleisch oder Wurst!!) mit ein!
Es hilft dir, deinen Körper optimal zu versorgen und seine volle Leistung zu erreichen!
Ein Grundsatz in deiner Ernährung sollte für die Zukunft werden:
Viel gesundes Eiweiß (z. B. pflanzlicher Herkunft oder mageres Fleisch und Fisch)
und Obst und Gemüse und die lebensnotwendigen ungesättigten Fettsäuren!
Und **STOPP** bei:
Leeren Kohlehydraten, wie z. B. Weißmehlprodukten, Lebensmitteln mit viel Fett, Zucker und diversen Zusatzstoffen (Müll für deinen Körper) ☹

Wenn du Lust hast, such‘ ein wenig, es gibt viel zum Thema Ernährung, finde deinen ganz persönlichen „Powerweg“.

Mal ehrlich, jeder weiß doch instinktiv, wenn er zu viel Zucker und Fett zu sich nimmt, dann ist unser Tank schneller leer!
Man fühlt sich schlapp, müde, vollgefressen usw. usw.! Nicht sonderlich leistungsfähig!

ABER: Mit der richtigen Ernährung in Verbindung mit genügend Flüssigkeit kannst du **„Vollgas geben“!**

Versuch‘ mal 2 Wochen lang viel (wirklich viel!) zu trinken und bewusster zu essen.
Du wirst den Erfolg bemerken!!!!!

3. Frische Luft und Bewegung

„Couchpotatoes“ aufgepasst - wir werden aktiv!

Vergiss‘ alles, was du jemals gehört hast wie z. B.

- „Sport ist Mord“
- wer körperlich arbeitet, braucht keinen Sport
- ich bin doch schlank

Schlaffe Körper haben keine Power!!!

Also tun wir was!
Bewegung und Sport puschen das Adrenalin und man fühlt sich richtig gut!

Keine Sorge, du musst es nicht übertreiben, aber vielleicht findest du ja irgendwann genauso viel Freude am Sport wie viele andere erfolgreiche Menschen (mich eingeschlossen ☺). Er gehört einfach zu deinem neuen Leben dazu, glaub‘ mir, es kann richtig Spaß machen, sich zu bewegen.

Nun, was möchtest du gerne? Was gefällt dir?
Walken? Joggen? Biken? Schwimmen? Trampolin springen? Inliner fahren?
Crosstrainer?
Sorry, dass ich dich ein klein wenig „schocken“ muss!!
ABER:
Es muss eine Ausdauersportart sein!

Überwinde deinen inneren Schweinehund,
nach 21 Tagen wird's zur Gewohnheit…
los geht´s...
(Ausreden an dieser Stelle sind unzulässig! ☺)

Such‘ dir eine Ausdauersportart aus, die für dich einfach in den Alltag zu integrieren ist.

Trainiere mit unterschiedlichen Intervallen, kurz, lang, schnell, langsam und denk‘ immer dran, in der Langfristigkeit liegt der Erfolg!
Du musst keinen Marathon laufen!

Spezielle Aufbautrainings für den ganzen Körper oder für einzelne „Problemzonen“ kannst du später immer noch mit einbauen!

Es sollte langfristig funktionieren!
Es sollte nicht zu anstrengend sein!
Es sollte dich nicht demotivieren!

Beginne langsam und schaffe dir Erfolgserlebnisse beim Sport!

Es macht Spaß, vertraue mir!!
Du schaffst das!!
Schon bald wirst du viele schöne Veränderungen an dir und deinem Lebensgefühl feststellen!

Ehrenwort!

4. Erfülltes Sexleben

Was, das soll auch dazu gehören?

Ja, es gehört dazu…
Es kann richtig Spaß machen…

Es kann dich beflügeln und vor allen Dingen deinen angeborenen Trieb befriedigen!!
(Du denkst, du hast keinen? Ich behaupte doch, er ist nur ein wenig in Vergessenheit geraten in deinem „so normalen Alltag"!)
Sex gilt als ein wichtiger Teil in unserem Leben (der, der uns erschaffen hat, hat ganze Arbeit bei der „Lustbefriedigung" geleistet ☺) und es gilt sie voll auszukosten!
Er soll dir richtig Spaß machen! Nichts als nur Spaß…
Er steht für Lust und Liebe!
Für Verruchtes und Vertrautes!
Sex ist für alle Sinne!!
Warte nicht, bis „es" passiert!!
Arbeite daran…
Entdecke, was dir gut tut,
wer soll es denn besser wissen als du selber!!
Lerne mit deinem Partner zu reden, was du magst, wovon du träumst,… schweige nicht bis ans Ende deiner Tage… aus Angst, dich zu blamieren. Darüber zu reden ist doch besser, als ein Leben lang schlechten Sex zu haben, oder?
Kein Mann kann hellsehen…gib' ihm die Chance, ein guter Liebhaber zu sein!!!

Ich ende an dieser Stelle mit einem Spruch:

„Brave" Mädchen haben immer Kopfweh und finden Sex langweilig, „böse" Mädchen holen sich, was sie brauchen und haben auch noch jede Menge Spaß dabei.

5. Entdecke dich neu!

Lerne dich lieben, mit all deinen Facetten,
bewundere dich schon morgens im Spiegel…
freu' dich über dein schönes Gesicht…
rede mit deinem Spiegelbild…
schneide Grimassen…

entdecke dich und deinen Körper,
suche dir all die schönen Dinge an deinem Körper…
Sprich mit ihm, erzähl‘ deinem Körper, was dir an ihm gefällt…
Es ist deiner…
Fühle ihn beim Duschen, beim Eincremen, beim Anziehen und natürlich beim Stylen.

Betone die schönen Dinge an dir, heb‘ dich ab von all den anderen, du bist keine graue Maus mehr, du bist etwas Besonderes, du bist einzigartig…
Unterstreiche deine Schönheit – deinen Typ - mit ein wenig passender Schminke,
kleide dich hübsch, auch wenn du „nur“ zu Hause bist.

Starte dein eigenes Rundumwohlfühlprogramm:
Beginne beim Gesicht, finde die richtigen Produkte für dein hübsches Gesicht…
Pflege es, die Haut vergisst nicht…
Blumen sind vergänglich, die Haut bleibt lebenslänglich!
Genau wie dein Körper hat die Haut viele lebenswichtige Aufgaben zu erfüllen und auch sie verdient ein wenig Aufmerksamkeit!

Deine Grundregel sollte lauten:
Zuerst die Pflege meines Gesichtes und des Körpers, dann die Schminke!
Und… vergiss bitte nicht, abends das Make-up gründlich zu entfernen.

Fühl‘ dich wohl in deinem Körper!

Hier ein paar Beispiele fürs „Wohlfühlen“:

- nimm dir Zeit beim Duschen
- führe dein Verwöhnprogramm zum Baden in der Badewanne ein (Düfte, Musik, Kerzen, ein Gläschen??, oder eine Tasse Tee, Kaffee)

- Probiere verschiedene Produkte aus (Peeling, Maske, Körperpeeling usw.)
- streiche das Duschgel und die Bodylotion bewusst über deinen Körper
- genieße die Pflege deines schönen Körpers
- such‘ dir eine passende Gesichtspflege, die du täglich morgens und abends verwendest (um dich in deiner Haut wohlzufühlen, sollte es eine hautbildgerechte Pflege sein, beginne bei der Pflege mit einer Reinigung und einer Creme und versuche von Anfang an, deine Augenpartie extra zu pflegen, sonst kann es leicht zu Unverträglichkeiten kommen).
- hast du dich schon einmal rasiert? Nein? Dann solltest du einen Versuch wagen, inspiziere dich… probiere aus, was am besten zu dir und deinem Typ passt…

Nun zu deinem „Außenauftritt“:
Ein typgerechtes Make-up verleiht dir das „gewisse Etwas“.
Hebe deine Vorzüge hervor!
Unterstreiche deinen Typ!
Ein natürliches Make-up steht wirklich jeder Frau!
Kein Mensch soll herumlaufen wie ein Papagei!

Was benötigst du?
-eine farblich passende Grundierung fürs Gesicht
-Puder (lose und farblos ist am besten)
-Eyeliner, eventuell Lidschatten und Mascara
-Lipgloss

Und schon ist dein Tages-Make-up fertig!

Mit Farbe kannst du spielen, verändere sie je nach Stimmung, passe sie deinem Outfit an oder wechsle die Farben auch der Jahreszeit oder dem jeweiligen Trend entsprechend.
Verwende für dich unterschiedliche Parfüms, schwelge ein wenig in Luxus, gönne dir verschiedene Düfte… niemand mag alle Tage sein Lieb-

lingsessen auf dem Teller haben…irgendwann schmeckt´s nicht mehr…genauso verhält es sich mit dem Parfüm!

Miste deinen Kleiderschrank aus!
Optimiere deine Klamotten, Schritt für Schritt.
Überlege dir, wie du deine Garderobe ausbauen und deine vorhandene Kleidung ergänzen kannst.
Für welche Anlässe benötigst du noch Kleidung?
Kaufe dir nur Sachen, die dir 100%-ig gefallen!!!! Alle anderen bleiben im Schrank liegen oder du fühlst dich in diesen Klamotten nie richtig wohl!! Also verzichte lieber auf diesen halbherzigen Einkauf!

Im Laufe der nächsten Wochen wird sich dein neues Lebensmotto auch auf dein Outfit auswirken!
Lass‘ dich überraschen!!

6. Ausreichend Schlaf

Schlaf ist ein Grundbedürfnis, ohne ausreichende Regeneration können wir nicht in Hochform sein.
Probier‘ einmal aus, wie du dich fühlst, wenn du seit Tagen ein Schlafdefizit hast.
Du wirst feststellen, dass vieles an dir vorbeiläuft wie im Film.
Du bist müde und neigst zu Konzentrationsschwäche, deine Aufmerksamkeit ist auch nicht die beste und jeder müde Mensch reagiert viel zu schnell zu impulsiv!

Dann versuche mal „richtig ausgeschlafen“ zu sein!!

Es fühlt sich um 180 Grad anders an, oder?

Der Tatendrang, die Freude auf den Tag und viele positive Gefühle machen sich breit…
laden zum Tun und Handeln ein!!

7. Entspannungs- und/oder Einschlafübungen

Das sind zwei Begriffe, die man oft hört, aber viel zu selten anwendet.

Ich will dich auffordern, das zu ändern! Warum?

Lies einfach weiter, ich werde versuchen, dir die Vorteile bzw. die Wechselwirkungen mit anderen Lebensbereichen zu verdeutlichen!

Um dir ein gutes Gefühl zu vermitteln, werde ich zuerst ein wenig „fachlich“ ausholen.

Im 18. und 19. Jahrhundert wurden Rituale entwickelt, die entspannend wirken.

Im 19. Jahrhundert entstanden die ersten Hypnoseschulen, da man der Kraft der Suggestion des Menschen eine große Wirkung zusprach. [4)]

Anfang des 20. Jahrhunderts fand man heraus, dass die Vorstellungskraft, mit Gedanken und Bildern, unser Unterbewusstsein stärker beeinflusst und stärker sein kann als die Realität.

Es entstanden Schritt für Schritt das AUTOGENE TRAINING (im deutschsprachigen Raum sehr verbreitet) und die PROGRESSIVE MUSKELRELAXATION nach Jacobsen (im englischsprachigen Raum sehr verbreitet).

Anfang der 70er Jahre kam dann Bewegung in die Methoden. Es wurde kombiniert, es entstanden offenere Formeln, Musik und Gefühl und Fantasie ergänzten die Erweiterung der unterschiedlichen Entspannungsverfahren.

Wie funktionieren die Entspannungsmethoden/therapien?

AUTOGENES TRAINING (kurz AT): [4)]
(nach dem Erfinder D. H. Schultz)

- im Sitzen oder Liegen
- wurde aus der Hypnose entwickelt
- konzentrative Selbstentspannung
- aus sich selbst heraus, selber tun....üben
- systematisch aufgebaute Selbstentspannung über Formeln
- tiefe Entspannung
- mentales Training: Verhalten, Ziele, Gedanken in eine bestimmte Richtung lenken
- nach dem Erlernen alleine langfristig umsetzbar

Was bringt dir AUTOGENES TRAINING?

- hilft bei Ängsten
- hilft bei Schlafstörungen
- führt zu Stressabbau und besserem Umgang mit Stress
- Konzentrationssteigerung
- fördert Ruhe und Gelassenheit
- steigert die körperliche Leistung
- aktiviert Selbstheilungskräfte
- stärkt das Immun- und Abwehrsystem
- nutzt die Kraft des positiven Denkens
- verhilft zu besserem Selbst-Bewusstsein
- führt zu größerem Selbst-Vertrauen
- erweitert die Phantasie als unerschöpfliche Lebenskraft
- führt zu stärkerem Gefühl von Lebendig-Sein
- beeinflusst den Organismus positiv bei verschiedenen Krankheiten wie z B.:
  Nervöse Magenbeschwerden, Bluthochdruck, Asthma, Tinnitus, Schilddrüsenüberfunktion u.v.m.

Es gibt im Bereich des Autogenen Trainings verschiedene Methoden, um es zu lernen, welche für wen am sinnvollsten ist, kann ich leider nicht pauschal sagen, am besten ist es, es auszuprobieren.

Dann gibt es noch die PROGRESSIVE MUSKELRELAXATION (PMR) (nach Jacobsen) [4)]

Was ist das genau?

Es handelt sich um ein systematisches Training der Muskelan- und -entspannung.
Dieses Training kann man im Liegen oder im Sitzen durchführen.
„Progressiv" heißt in diesem Fall, dass die Entspannung stufenweise erfolgt und durch das Entspannen einzelner Muskelgruppen eine immer tiefere Entspannung erreicht wird.

Für den Anfang ist die Progressive Muskelentspannung gut für Menschen, die sehr „KOPFLASTIG" sind und denen die Umsetzung des AT vielleicht nicht so gut gelingt.

Ich persönlich verwende in meinen Kursen die Progressive Muskelrelaxation als Einstieg, um dem Teilnehmer zu helfen, seine Konzentration auf seinen Körper zu lenken. Danach arbeite ich immer mehr und mehr in Richtung Autogenes Training, da ich dieses Entspannungsverfahren für sehr hilfreich halte.

Und es gibt da noch etwas…

Die PHANTASIEREISEN

Was für Kinder? Nein !!! Auch für uns!!
„Phantasie ist wichtiger als Wissen" –

dieses Zitat stammt aus der Feder von Albert Einstein und hat mehr Bedeutung denn je.

Was ist Phantasie? [5)]

Die Phantasie der Menschen setzt sich aus realer Erfahrung, Irrationalem und Imaginärem zusammen.
Sie wurzelt im seelisch-sinnlichen Bereich und steht im Widerspruch zum rein Sachlichen, Rationalen.
Ratio und Emotion sind die beiden Seiten unserer Wirklichkeit und unserer Existenz!

Ohne Phantasie und daraus wachsende visionäre Vorstellungen ist nichts denkbar (denk' nur an alle Erfindungen, Naturwissenschaften, Kunst usw.)
Die Phantasie ist ein wesentlicher Antrieb für soziale, politische und kulturelle Veränderungen.
Sie überschreitet alle Dimensionen des menschlichen Seins.

Ohne DEINE eigene Phantasie bleibt dein menschliches Leben begrenzt, nur die Phantasie erschließt dir die Unendlichkeit!

Deine eigene Phantasie ist eine auf die Zukunft ausgerichtete Kreativität!!! [5)]

Denk' dran:

Du erschaffst dir dein eigenes Leben mit jedem einzelnen und eigenen Gedanken!!

Darum mein Tipp:
Lies mal wieder ein Märchen (Aschenbrödel oder Aladin und die Wunderlampe)…vielleicht…
Träum' ein wenig von deiner Zukunft und vielleicht besuchst du ja auch einen Kurs… (z. B. bei der VHS)
Finde deinen persönlichen „Entspannungsliebling"!

Die o. g. Möglichkeiten sind meine persönlichen Favoriten, was nicht heißen soll, dass andere Entspannungsmethoden unpassend sind.
Finde deinen persönlichen Weg!

Wie funktioniert Entspannung? Was tut sich da bei uns im Körper? [4)]

Nachfolgend die wichtigsten Punkte und weitere Informationen zu diesem Thema:

Es gibt zwei Nervensysteme und das Hormonsystem.

Ein Nervensystem nennt sich Zentralnervensystem, kurz ZNS, und das andere vegetatives Nervensystem.

Das Zentralnervensystem (ZNS) steuert alle bewussten und willkürlichen Bewegungen, wie zum Beispiel die quergestreifte Muskulatur im Arm den Bizeps steuert.

Das vegetative Nervensystem steuert alles Unwillkürliche und Unbewusste, es arbeitet vollkommen automatisch.

Unser Hormonsystem funktioniert ähnlich wie das vegetative Nervensystem.

Das vegetative Nervensystem und das Hormonsystem sind zwei unbewusst arbeitende Systeme und daher völlig autonom (also selbstständig und automatisch).
Man kann zum vegetativen Nervensystem auch autonomes Nervensystem sagen.

Und was reguliert dieses „unbewusste" Nervensystem so alles?

Zum Beispiel: den Kreislauf, den Stoffwechsel, die Sexualität, die Verdauung, Heilungsprozesse im Körper u.v.m.

Wir leben in einer sinnvollen Vernetzung all unserer körperlichen, seelischen und geistigen Prozesse und Befindlichkeiten.
Wird nur ein Bereich dieser drei beansprucht, reagiert sofort auch ein anderer Bereich.
Die natürliche Balance der 3 Bereiche muss unser gemeinsames Ziel sein.

BALANCE ZWISCHEN * KÖRPER * GEIST * SEELE [4)]

Nichts geht ohne den anderen Bereich.

Ok, soweit verstanden?

Dann möchte ich dir noch ein paar Details nennen:

Das vegetative Nervensystem unterteilt man noch einmal, nämlich in das

Sympathische **„Sympathikus“**	**parasympathische** **„Parasympathikus“**

Nervensystem

Beide wirken zusammen!!

Der Sympathikus ist verantwortlich für:	Der Parasympathikus ist verantwortlich für:
*Reaktion	*Kraftreserven „füllen“
*Anspannung	*Entspannung
*Power	*Ruhe
*Anstieg des Blutdrucks	*Absenkung des Blutdrucks
*alle notwendigen „Anstrengungen“ werden unternommen	

Stress, jeder freudige oder leidvolle Erregungszustand spricht sofort beide an!

Eine natürliche Balance zwischen beiden ist auch hier der Garant für Gesundheit und Lebensfreude.

Zu guter Letzt betrachten wir das Gehirn noch ein wenig genauer: [4)]

GEHIRN

Es gibt eine

LINKE HÄLFTE	und	eine RECHTE HÄLFTE
sie steuert die rechte Körperseite		sie steuer die linke Körperseite

Die Gehirnhälften sind für verschiedene Dinge zuständig.

Nachfolgend ein paar davon:

Linke Hälfte	**Rechte Hälfte**
*Logik	*Intuition
*Erfassen von Einzelheiten	*Zusammenhänge verstehen
*Tagesbewusstsein	*Träume, Phantasie
*Rationalität	*unbewusste psychische Reaktionen
*bewusstes, willentliches Denken	*unbewusstes Denken
*exaktes Planen	*Kreativität

Viele Eigenschaften sind geschlechterspezifisch, wirst du denken, aber das ist unwichtig, wichtig ist, dass wir erkennen, unabhängig davon, welche Eigenschaften stärker oder schwächer ausgeprägt sind, die zwei Hälften müssen miteinander harmonieren und kommunizieren!

BRUDER MÄNNLICH (steht für die linke Gehirnhälfte)	**kommunizieren**	SCHWESTER WEIBLICH (steht für die rechte Gehirnhälfte)

Nachfolgend ein paar einfache Harmonisierungsübungen:

1. CRISS CROSS (bedeutet jede Art von Übung über Kreuz)
   z. B.: mit dem rechten Ellbogen zum linken Knie
   mit dem linken Ellbogen zum rechten Knie

2. Gehirnknöpfe rubbeln:
   Eine Hand zum Schlüsselbein legen, dann mit Daumen und Zeigefinger zwischen die Knochen fassen, leichter Druck und rubbeln, die andere Hand auf den Nabel legen.
   Dann wechseln!

3. Vorne und hinten:
   Eine Hand rubbelt knapp unter dem Nabel, die andere am Gesäßanfang, dann Hände wechseln.

Ziel der vorangegangenen Übungen ist es, die beiden Gehirnhälften optimal zusammenarbeiten zu lassen. Wir können unser Leben am erfolgreichsten gestalten, wenn wir lernen, beide Gehirnhälften bestmöglich zu nutzen.

Nachfolgend ein Beispiel:
Bei wichtigen Entscheidungen ist die linke Gehirnhälfte (also der männliche Anteil) mit dem rationalen Verstand gefordert und zugleich auch die rechte Gehirnhälfte (also der weibliche Anteil) mit der Intuition und dem zusammenhängenden Denken.

In diesem Kapitel hast du jetzt einiges erfahren um loszustarten.
Es erscheint auf den ersten Blick vielleicht ein bisschen viel, aber glaube mir, so dramatisch ist es gar nicht….
Du kannst Schritt für Schritt vorangehen…

Suche dir zuerst die Bereiche heraus, die dir einfach erscheinen und arbeite dich dann in diesem Kapitel langsam voran.

Bitte arbeite an allen Punkten in diesem Kapitel, wenn du dich „fit“ gemacht hast, kannst du beginnen, weiter zu lesen und die nächsten Schritte zu gehen.

Jeder einzelne Bereich ist ein Puzzleteil auf deinem „megageilen“ Erfolgsweg!
Setze dein persönliches Puzzle zusammen!

Arbeite stetig und in jedem Bereich, dann ist dir dein Erfolg sicher!

Ich will dir mit meinem Buch das (meiner Meinung nach) Wichtigste und Effektivste in den verschiedensten Bereichen mitgeben.
Es soll ohne viel „Schnick-Schnack“ und für dich sofort anwendbar und umsetzbar sein.

Aus tiefster Überzeugung kann ich bei all meinen Tipps sagen, es funktioniert, es liegt an dir, etwas zu ändern, nicht irgendwann später, sondern mit meiner Hilfe jetzt und sofort…

Egal, womit du losstartest….beginne mit dem TUN, TUN, TUN, dann wirst du deinen Erfolg sehr schnell spüren!

Kapitel 5

Leben und leben lassen

Ich komme in meinem Buch jetzt an einen Punkt, an dem ich dich bitten möchte, die Dinge, die du liest, nicht nur abzunicken, sondern wirklich darüber nachzudenken und vielleicht kannst du das eine oder andere umsetzen… glaube mir, dann würde das Miteinander in unserer Gesellschaft um einiges besser funktionieren.

Bitte verzeih' die im Anschluss sehr direkten Worte, aber sie sind nötig, um meinen Leserinnen die Augen zu öffnen!!

Du kennst das Zitat: Leben und leben lassen!

Lebst du danach?
„Klar doch!" Denkst du…

Ich behaupte jetzt aber, viele wollen so von den anderen behandelt werden, selber verhalten sie sich aber nicht so!!
Warum komme ich zu dem Schluss?

Ganz einfach, in unserer Gesellschaft ist Folgendes zu beobachten:

Jeder weiß alles besser, ohne sich ernsthaft Gedanken darüber zu machen, ob das überhaupt für irgendjemanden dienlich ist!

Oder anders ausgedrückt, man weiß immer alles besser oder man hat den Drang, Mitmenschen aus Prinzip etwas vorschreiben zu wollen, um eventuell von seinen eigenen „Unfähigkeiten" abzulenken!

Menschen - auf die man eifersüchtig oder neidisch ist - tut man vermeintlich vieles „zu Recht“ an bzw. man würde diesen Zeitgenossen gerne eins „auswischen“!

Ich frage dich nun, warum macht man das?

Warum interessieren wir uns so wahnsinnig für das falsche Verhalten, für die Fehler, für den Reichtum oder das Leben der anderen usw.?

Kümmern wir uns doch lieber um uns, denn dem Einzigen, dem wir Rechenschaft schuldig sind, sind wir selber.

Tagtäglich sehen wir uns im Spiegel....nur mir alleine bin ich Rechenschaft schuldig!!

Niemandem sonst!!!

Unser Umgang miteinander

Ein paar typische Beispiele aus unserem Alltag möchte ich an dieser Stelle einbringen, daran lässt sich ganz klar erkennen, wo unsere Gesellschaft und jeder Einzelne von uns hinsteuert, wenn nicht jeder selber (auch du, du, du!!!!) anfängt umzudenken!!!

Brauchen wir Beschützer?

Brauchen wir Menschen wirklich Menschen, die uns permanent vorschreiben, was wir zu tun haben?

Ich denke da an die Radiosender ... halbstündlich werden „Schreckensmeldungen“ Entschuldigung „Straßenverkehrsberichte“ gebracht, um die Zuhörer immer abhängiger von deren Meinungen zu machen.
„Schneefall“ bedeutet zum Beispiel laut Radio immer sofort Chaos auf unseren Straßen und alle fahren Auto, als hätten sie noch nie mit Schnee zu tun gehabt!

War das immer so?

Niemand versucht mehr selber abzuwägen, ob es nicht vielleicht albern ist, bei drei Zentimetern Neuschnee zu fahren, als seien sie überängstliche, unfähige Autofahrer.

Jeder gute Autofahrer kennt die „Technik" seines Autos und deren Grenzen, darum ist doch das Autofahren für uns eine Bereicherung!
Jeder kann es richtig gut lernen und viele können es auch richtig gut!
Stress pur wird es, wenn man keine Ahnung von seinem Fortbewegungsmittel hat.

Man gefährdet nicht nur sich, sondern wird auch zur tickenden Zeitbombe für alle anderen Autofahrer!

Durch zu viel Unsicherheit und Unwissen am Steuer gibt es immer mehr „Unter-Tempofahrer".

Kennst du die?
Die werden immer mehr!

Jedem Berufsfahrer gehen die tierisch auf die Nerven!
Was tun diese Autofahrer bzw. Mitmenschen?
Sie blockieren alle Spuren der Autobahn meistens aus reiner Sturheit, denn sie meinen, sie sind schließlich im Recht, sie dürfen das und somit zwingen sie dem nachfolgenden Verkehr ihren egoistischen Willen auf.
Es gibt immer wieder Sendungen im Fernsehen, in denen man sieht, was ein einzelner „egoistischer und unwissender Autofahrer" für den nachfolgenden Verkehr bedeutet!

Schade, denn eigentlich wollen wir doch alle gerne Autofahren und glücklich sein!
Warum gönnen wir das anderen nicht auch?

Warum darf man nicht selber entscheiden, wie man es mit dem Schilderwald auf Deutschlands Strassen hält?

Jeder muss sich doch selber für sein Verhalten rechtfertigen!
Niemand sonst!
Aber die Menschen auf Deutschlands Strassen benehmen sich, als würde es um Leben und Tod gehen, nur weil ein anderer schneller oder anders fahren will als sie selber!

Warum darf der andere nicht vorbei?
Warum lächelt man nicht?

Hat der deutsche Autofahrer ein EGOPROBLEM?

Leben und leben lassen!

Jeder sollte so fahren, dass er sicher ans Ziel kommt, gemäß seiner persönlichen Fähigkeit beim Autofahren.
Wie in jedem anderen Bereich auch wird es immer unterschiedliche Fahrweisen geben, aber jeder sollte jeden einfach machen lassen!

Das ist die allerbeste Möglichkeit, seine eigenen Emotionen und Nerven im Straßenverkehr zu schonen!!!
Denk' dran, es geht immer um das bestmögliche Wohlbefinden für dich!!

Vergiss die anderen! Kümmere dich nur um dich!
Fahr' entspannt, aber zügig, dann geht's dir gut!
Und das wünsche ich mir für jeden Menschen! ☺

Menschen werden heute dazu motiviert, alles was Sie hören und sehen zu konsumieren, ohne selber mit gesundem Menschenverstand darüber nachzudenken!

Es gibt nur ein: ICH WILL…

„Ich will“ ist grundsätzlich nichts Verkehrtes, aber es muss ein aus tiefstem Herzen
ICH WILL
sein, keines weil es gerade IN ist, das zu tun oder das zu haben.

Du fühlst dich doch nicht wirklich glücklich, wenn dir ein (in deinen Augen rasender Autofahrer) an der Stoßstange klebt?

Wem ist geholfen?
NIEMANDEM

Du ärgerst dich, wirst nervös o. ä.
Fakt ist, negative Gefühle machen sich breit.
Und auch der andere fokussiert alle ihm bekannten Schimpfwörter auf dich!
Muss das sein?

Nein, es könnte auch so laufen:
Du wechselst für ihn die Spur, freust dich darüber, jemanden einen Gefallen getan zu haben…er düst vorbei… lächelt und nickt dir dankend zu!
Du kommst in deinem Tempo voran und er in seinem!
Jedem geht es gut und es gibt keine negativen Gefühle…also wird auch dein ganzer folgender Tag anders verlaufen!
Also darum meine Frage:

Was bitteschön, treibt jeden Autofahrer dazu, so falsch zu denken, dass es nur noch „sture Böcke“, „Schnecken“ und „Kamikazeautofahrer“ gibt?!
„Highway to hell“ (Autobahn zur Hölle) lässt grüßen!

Das Thema Autofahren ist ein typisches Beispiel für den Umgang „von uns Erwachsenen“ miteinander, nachfolgend ein weiteres Beispiel, das sehr gut verdeutlicht, was ich in diesem Kapitel ausdrücken möchte.

****

Eltern und die Erziehung ihrer Wunschkinder

Wunschkinder können langfristig „Nebenwirkungen“ durch die Erziehung der Eltern bekommen…
Richtig heftige sogar, wenn die Eltern nicht lernen, ihre Kinder anders zu behandeln.
Warum?

Wir leben heute in einer Zeit, in der die meisten alles haben!

Unsere Kinder werden materiell nach Strich und Faden verwöhnt, ihnen soll es an nichts fehlen…sie sollen es besser haben als wir!

Dabei ist es oft so, dass noch nie so wenige Kinder glücklich waren wie heute!

Wie viele Kinder fühlen sich überflüssig?

Wie viele Teenager können die Gesellschaft „nicht ab“?

Ich möchte hier bewusst eine sehr deutliche Sprache sprechen, denn wenn wir nicht beginnen, an uns und am Umgang miteinander etwas zu ändern, wohin soll das denn alles führen?

Kinder brauchen nicht das 1000. Spielzeug…
Kinder brauchen emotionale Nähe, Stabilität, Zufriedenheit!

Was hören aber die Kinder tagtäglich von den Großen?

z. B.:
Die Neugier auf „Neues“/Gerüchte bei den anderen (Nachbarn etc.)
Was, der hat ein neues Auto?
Hast du den Besuch gesehen? Wer ist das?

Wie verdient der sein Geld? Soviel? Wer weiß, ob das alles rechtens ist!?
Ein Möbelwagen? Was ist denn da los?
Fahren die schon wieder alle in den Urlaub?
Was, seine Frau ist ausgezogen?
Der Mann geht fremd?
Die Kinder haben schon wieder neue Spielsachen im Garten.
Schlafen die noch? Es ist doch schon Mittag!
Usw. usw.

Was ich damit sagen will, ist, wir denken nicht an uns und unsere Bedürfnisse, sondern kümmern uns immer darum, was andere tun oder haben…

Und am „geilsten" finden wir es, wenn wir noch eins draufsetzen können!

Getreu dem Motto:
Schau' mal, was ich jetzt habe!

Leider gibt es an dieser Sache einen Haken:

Das ewige Ringen um noch mehr, weil es andere haben, macht niemanden langfristig glücklich, man wird lustlos, wird träge, fühlt sich ausgebrannt und im schlimmsten Fall wird man krank, richtig krank …
Krankheiten, die uns „in die Knie zwingen", zwingen uns, über das Leben nachzudenken!

Dieses Bild geben wir unseren Kindern mit!

Kinder lernen nicht mehr zu überlegen: „Was tut mir wirklich gut?"
Nein, Kinder lernen von uns: das, was der hat, will ich auch, mindestens das Gleiche, wenn nicht noch größer bzw. besser.

Du merkst an diesem Beispiel ganz deutlich, ohne unser besseres Vorbild werden auch unsere Kinder keine besseren Menschen!

Kinder lernen das, was ihnen eine Gesellschaft vorgibt!

Wo sind die Regeln aus vergangenen Tagen?
Wo setzen wir uns mit unseren Kindern auseinander?
Wann dürfen sie Grenzen austesten?
Wann werden klare Worte mit Kindern kommuniziert?

Kinder brauchen Eltern zum Spaß haben,
aber **Kinder brauchen auch Eltern, die keine „Warmduscher" sind, gute Eltern sind echte Helden!**

Denn unsere Kinder müssen wieder lernen, mit Verantwortung, Freiheit, Misserfolg und Erfolg umzugehen!

Für Eltern in der heutigen Zeit scheint es sehr schwer zu sein zu akzeptieren,
dass die Kinder lernen müssen mit Enttäuschungen umzugehen,
dass Taten Konsequenzen haben und
Kinder nicht immer die Eltern brauchen, um an Problemlösungen zu arbeiten.

Heute herrscht in den Köpfen der Kinder die Vorstellung: Meine Eltern holen mich schon aus dem Schlamassel 'raus!
Aber bitteschön, was lernt ein Kind daraus?
Nichts!!!

Ein schöner Lerneffekt fürs Leben wäre aber zum Beispiel:

Kinder mitwirken zu lassen (beim Kinderschrank aufbauen, beim Planschbecken aufbauen im Garten, beim Kuchen backen usw.)
Nach altem Brauch etwas zu unternehmen, z. B.: den Platten am Fahrradreifen, Vater und Kind und genügend Zeit, bewaffnet mit dem Wassereimer und dem Schlauchflickzeug zu reparieren und nicht gleich alles „Kaputte" wegzuwerfen!

Egal, was Eltern tun, Kinder brauchen das Gefühl, wir schaffen was!!! Wir haben Spaß miteinander!! Wir gestalten unsere Zeit zusammen!

Viele Dinge laufen in der Erziehung des Nachwuchses auf Kommando (die Freizeit der Kinder ist viel zu stark verplant und lässt keinen Gestaltungsfreiraum für Spontanes), nichts ist mehr locker und familientypisch, ein wenig Nachdenken an dieser Stelle wäre angebracht!

Falls du Kinder haben solltest, bedenke auch, dass du und dein Partner genauso eueren Freiraum braucht wie die Kinder.

Elternsein bedeutet nicht, 24 Stunden am Tag das Eigentum der Kinder zu sein!

Die Ausgewogenheit in einer Familie ist das Geheimnis des Glücks!

Nachfolgend noch ein weiteres Beispiel:

****

Die „jungen Wilden“, auch Teenager und Erwachsene genannt, und die Senioren unserer Gesellschaft

In diesem Absatz benutze ich die Wörter „ALT und JUNG“, um die extremen Unterschiede der beiden Gruppen besser verdeutlichen zu können.
Achtung: ich will absolut niemanden diskriminieren!!

Die Alten denken über die Jungen:

Die werden auch immer frecher, haben keinen Anstand mehr usw. usw.
Ertappst du dich manchmal auch dabei?

Die Jungen denken: Respekt vor dem Alter, wozu?

Die machen sich doch überall nur wichtig, weichen nicht von Ihrer Meinung ab und checken nicht, dass sie uns den „Lebensschlamassel“ eingebrockt haben!

Wollen keinen Cent ihrer Rente hergeben, aber fahren ausländische Autos, weil die billiger sind.
Tja, aber wo arbeitet der deutsche Bürger in der Regel?
In einem deutschen Betrieb.

Wer zahlt den Alten die Rente?
Die Jungen, die in einem deutschen Unternehmen arbeiten!

Wer ist überall zu Gange?
Die Alten!
Wer blockiert die Straßen und fährt nicht auf die Seite?
Die Alten!

Wer macht Politik?
Die Alten!

Wen interessiert das einen Dreck?
Die Jungen!

Dieses Wortgefecht könnte ich ewig weiterführen, aber das würde nichts ändern!!!

Was ist schief gelaufen?

Genau das Gleiche wie bei den Kindern!
Jeder konzentriert sich darauf, was der andere tut, um abzulenken!

Was ist schon dabei, wenn eine Schülerin eine Omi im Bus auf ihren Platz lässt?

Was ist schon dabei, wenn sich der Opi nicht schneller zu fahren getraut und den Jungen vorbeidüsen lässt?

Mal Hand aufs Herz,
fällt irgendjemand ein Zacken aus der Krone,
wenn er sich anständig benimmt?

Alt und Jung? Also zusammen!!!
Nur so tut sich was!!

Wir brauchen ein Gefühl für uns selber und eine große Portion Respekt vor jedem anderen Leben auch!!

Warte nicht darauf, von anderen anders behandelt zu werden!!!
Fang' bei dir an und alles wird gut!!!

Die „dankbare“ Opferrolle

Vieles, was ich schreibe, hast du sicherlich schon einmal gehört oder auch gelesen. Trotzdem möchte ich ein paar ganz entscheidende Punkte wiederholen.
Warum?
Damit du dich bestätigt fühlst und beginnst aktiv zu werden, sprich, losstartest und handelst!

Denke ab sofort nicht mehr:
„Ich habe viele Wünsche, aber nie hat sich einer erfüllt und es wird ja doch nichts aus meinen großen Träumen.“
Denke ab sofort nicht mehr:
„Ich will das alles nicht mehr bzw. nicht mehr haben.“

Denke lieber viel öfter darüber nach: „Das will ich nicht mehr, aber das will ich und das will ich auch noch... usw. usw.“

Denke nie und nimmer: „Ich muss es halt tun, das ist bei mir so.... ich füge mich....
Es ist mein Schicksal, ja, damals wollte ich eigentlich mal, aber.... Ja, damals hatte ich noch Träume... das Leben hat mir was anderes aufgedrückt...“

Sei auf der Hut, kontrolliere deine Gedanken, lass den gedanklichen Müll in deinem hübschen Köpfchen nicht an die Macht!
Du entscheidest, niemand sonst!

Bedenke, immer wenn du denkst: „Na ja, ich kann es ja einmal probieren,... aber es wird doch sowieso nicht klappen!“
Im Klartext, wenn du also aufgegeben hast,
was passiert dann?

Es wird dieses Vorhaben, wie schon so viele vorher scheitern!

Vertraue darauf, dass sich der Versuch, ein paar Monate lang den Weg mit mir mitzugehen lohnt, wirklich richtig lohnt!

Du bekommst ein gigantisches Lebensgefühl, eine Power und ein „neues Leben", wenn du diese einmalige Chance nutzt und etwas von deiner Lebenszeit für dieses lohnenswerte Vorhaben einsetzt.

Begleite mich ein Stück, arbeite an dir, stell‘ nicht alles in Frage und entscheide dann …
Du wirst mir Recht geben … es gibt wirklich einen Ausweg aus der ganzen Misere:
DICH, DICH, DICH !!!

Schmeiß‘ alle unmöglichen und unnützen („bösen") Gedanken über Bord!
Vertraue dir und deiner Intuition!
Nimm die Dinge selber in die Hand und du wirst staunen, was sich so alles tut in deinem Leben.

Eine **wichtige Anmerkung** noch, die mir sehr am Herzen liegt:

Versuche nie mehr, andere Menschen für deine Situation verantwortlich zu machen, denn aufgrund der Gesetzmäßigkeiten unserer Erde bist in erster Linie du (genau du) verantwortlich für alles, was in deinem Leben passiert, passierte und passieren wird.

Ja, aber mein … wirst du jetzt denken, vergiss es!!!! Du hast es mit dir machen lassen, doch du kannst in jeder Sekunde deines Lebens eine Wendung in die richtige Richtung herbeiführen!

Harte Worte, doch glaube mir:

Es ist Tatsache, würden wir uns nicht so viele Gedanken über andere und deren Fehler machen, sondern unsere eigenen Dinge mit dem Herzen und einem guten Gefühl regeln, hätten wir es viel leichter und schöner auf dieser Welt!

Mach‘ dir aber jetzt keine Vorwürfe!
An dieser Stelle brauchst du auch keine Schuldgefühle zu haben! Ab sofort machst du es „nur“ besser!

Wie schon gesagt, würde jeder in erster Linie an sich arbeiten und nach dem Motto leben, leben und leben lassen, würde sich immens viel ändern!
Versuchen wir es doch alle zusammen!
Es ist nicht schwer …

Herrscht Chaos in deinem Kopf?

Was bedeutet das?
Willst du ein Leben lang die Glaubenssätze deiner Mitmenschen zu den eigenen machen?
Ich weiß, dass es nicht einfach ist, zu erkennen, was tatsächlich meine Meinung ist, mein Wunsch bzw. meine tiefste Überzeugung.

Folgende Situation wird dir vielleicht bekannt vorkommen:
(Die „Eltern" stehen in dieser Situation für die verschiedensten Menschen und deren Meinung als Beispiel: nicht alle Eltern müssen so sein! ☺)

Gemeinsam mit deinem Mann sitzt du bei deinen Eltern beim Kaffee. Wie üblich, wird über das Leben, die Politik, die Wirtschaft, das Altwerden und die Sicherheit im Alter u.v.a. philosophiert.

Eltern wollen aus ihrer Überzeugung heraus immer das Beste für die Kinder (also alle eigenen Erfahrungen und die eigenen Wünsche im Leben werden auf die Kinder projiziert) ganz egal, ob es tatsächlich für diesen Menschen (ihr Kind) das Richtige ist.

Ein kleiner Exkurs:

Niemand darf eines vergessen:
Alle Menschen sind unterschiedliche Individuen, jeder mit einem anderen „Lebensplan" für sich, d. h. niemand kann jemanden „besitzen." Eltern begleiten Kinder nur einen Teil ihres Lebens und müssen sie irgendwann wieder loslassen oder anders ausgedrückt, „hergeben", und das fällt vor allen Dingen den heutigen Müttern sehr, sehr schwer.

Kinder aber brauchen Eltern, die sie befähigen, sie selber zu werden, um den spannenden Herausforderungen im Leben gewachsen zu sein!

O. K., nun zurück zum Kaffee bei den Eltern:

Also, ihr sitzt alle schön zusammen, dein Mann und du erzählen ganz begeistert davon, wie ihr euch euer Leben einmal vorstellt, wenn ihr „glücklich alt“ seid; z. B., das Haus verkaufen wollt, wenn die Kinder ausgezogen sind, vielleicht die Welt bereisen, sich neue Hobbys suchen usw., im Klartext euch verkleinern wollt, da ihr der Meinung seid, Eigentum im Alter verpflichte zu sehr und ihr möchtet loslassen, um glücklich zu sein.
Wie geht es eurem Gegenüber?
Die werden immer ruhiger, der Gesichtsausdruck hat sich verändert, man könnte sogar meinen, sie ringen nach Luft!

Warum?
Ganz einfach, die Meinung der Eltern ist eine ganz andere z. B.:
Schaffe, schaffe, bis du in die Kiste fällst.
Ohne Grund und Boden ist das Leben nichts wert, ist man ein Versager usw.
An dieser Stelle folgt nun ein nicht enden wollender Vortrag darüber, wie falsch eure Meinung ist.

So oder ähnlich laufen viele Gespräche mit „allwissenden Menschen“ in deinem Leben ab, du als Individuum und deine wirklichen Bedürfnisse bzw. Wünsche werden durch solche Gespräche ausgebremst.
Du fängst an, dich wieder verpflichtet zu fühlen und fügst dich dem vermeintlich richtigen Leben, stimmt´s?

Wieso tun wir das?
Analysieren wir einmal:

Wer hat Recht?
Keiner für die anderen, nur für sich selber!

Niemand kann bestreiten, dass wir ohne Hab und Gut gekommen sind und wir auch ohne Hab und Gut gehen werden, nichts Materielles (kein Fleckchen Erde) gehört uns!!!

Es ist alles nur eine Leihgabe, es gibt jeden Flecken auf dieser Erde schon ewig und den Flecken wird es auch nach dem Tod des Besitzers weiter geben!

Nichtsdestotrotz hängen viele Menschen an ihrem Hab und Gut so stark, dass sie ihr eigenes Leben völlig vergessen!!!
Das sind die Menschen, die sich irgendwann einmal fragen, warum ich? Warum ist das Leben so schwer, so ungerecht?
Der eine wird krank, der andere hat das Gefühl, nichts läuft mehr so in seinem Leben, wie er es sich gewünscht hat usw.

Also, das Fazit daraus ist:
Bevor uns das passiert, müssen wir lernen loszulassen und „Ich" zu werden, nur dann sind wir frei und können das selbst geschaffene Leben leben.

Es bedarf ein wenig Übung, um aus der lebenslangen Opferrolle auszubrechen.
Zuerst einmal musst du nach so einem Gespräch lernen, deine Gedanken zu stoppen.
Du steuerst deine Gedanken, nicht deine Gedanken dich, das wäre in solchen Situationen absolut fatal.

Hast du in der Vergangenheit viele Stunden damit verbracht, zu überlegen welcher Mensch Recht hat? Oft tagelang abgewogen und klein beigegeben, obwohl du es anders wolltest?
Bist du Kompromisse eingegangen, die dir wehtaten?

Und alles nur, um anderen zu gefallen?

Dann wird es Zeit, dass du dich aus der Opferrolle befreist, du allein hast dich da hineingebracht, also kannst du dich da auch wieder herausholen! Im Anschluss daran werden wir das „Chaos“ in deinem Kopf sortieren!

Kapitel 6

Ein Naturgesetz

Gleiches zieht Gleiches an

Also, wir haben bereits den Nagel auf den Kopf getroffen und du hast verstanden, wie du denkst und wie viele unterschiedliche Gefahren in Gesprächen mit Mitmenschen und deren Gedanken lauern. So weit so gut, aber was kannst du dagegen tun?

Du musst lernen abzuschalten … deine Meinung ist für dich persönlich genau die Richtige … nur du ganz alleine kennst dich und deine eigenen Bedürfnisse wirklich, niemand anders auf der Welt! Sei dir dessen bitte immer bewusst und gleich noch etwas: es gibt niemals einen richtigen oder falschen Weg auf dem Weg zum Erfolg, wenn du deine eigenen bewussten Entscheidungen triffst!

„Und wie kann ich das für mich umsetzen?"

Gleiches zieht Gleiches an….richtig denkst du… soweit hast du das schon verstanden…was bedeutet das also?

Ganz einfach, du erschaffst dir dein Leben mit jedem einzelnen Gedanken selber….
Denke beim Lesen dieser Zeilen immer wieder daran, du bist nicht alleine - dieses Buch ist erprobt - alles, was ich hier niedergeschrieben habe, funktioniert … es ist meine eigene Anleitung für den Weg zu sich selbst und all dem, was man sich auf Erden wünscht, egal ob der richtige Partner, viel Geld, Erfolg im Job…..eine glückliche harmonische Familie usw. Teste es einfach, was ich geschafft habe, schaffst auch du, du musst nur wirklich richtig losstarten und nicht warten bis ans Ende deiner Tage hier auf Erden!

Alles, was in deinem Leben passiert, bzw. in dein Leben kommt, ziehst du selbst in dein Leben herein. Es wird zu dir gezogen aufgrund der Bilder, die du in deinem Kopf hast, bzw. in denen du denkst. Es ist, was du denkst. Was immer du in deinem Geist denkst, ziehst du unweigerlich in dein Leben!!

Denkst du „hoffentlich finde ich irgendwann den Mann, der sich für mich interessiert“ … wie wird dein Leben mit diesem Gedanken verlaufen? Glücklich? Wirst du deinen Traummann tatsächlich irgendwann finden? Wohl kaum, denn es wird sehr viele Kompromissentscheidungen in deinem Leben geben und das Gefühl des Glücks wird sich sicherlich nicht wirklich und voller Überzeugung einstellen!
Vielleicht beneidest du sogar die „beliebten“ und glücklichen Paare in deiner Umgebung.
Oder denkst du „ich bin hübsch, fühle mich wohl in meiner Haut, freue mich auf die Menschen, die ich kennenlerne, ich tue das Richtige.“
Was passiert bei diesen Gedanken?
Aufgrund des Gesetzes der Anziehung lernst du genau solche sympathischen und netten Menschen kennen und infolgedessen auch den Richtigen!

Erinnere dich an die roten Ampeln oder denk‘ an die Schlange im Supermarkt, ertappst du dich dabei zu denken: Immer rot? Oder – immer eine ewig lange Schlange? Und immer bei mir!
Das Gesetz der Anziehung arbeitet immer … denk‘ daran …

Das ist ein Naturgesetz, es ist immer so gewesen und wird immer so sein! [6)]

Wann immer du denkst, bist du es, der das „Gesetz der Anziehung“ aktiviert!
Es spielt keine Rolle, wer du bist und wo du gerade bist, dieses Gesetz wirkt immer, es bestimmt die ganze Ordnung, jeden Moment und jedes einzelne Erlebnis in deinem Leben.

Große Menschen unserer Geschichte kannten das Gesetz der Anziehung. Sie haben es sich zu Nutze gemacht, um die Welt mit ihren unglaublichen Erfindungen zu verändern!

Auch heute kennen viele Menschen dieses Gesetz und benutzen es ganz bewusst zur Realisierung ihrer Träume, bei anderen läuft vieles im Leben wie am Schnürchen, weil sie dieses Gesetz unbewusst einsetzen.

Denkst du, es ist purer Zufall, dass ein Prozent der Bevölkerung über fünfundneunzig Prozent des Geldes verdient?
Nein, es ist kein Zufall, es ist so, weil diese Menschen etwas ganz, ganz Wichtiges verstanden haben, nämlich das Gesetz der Anziehung, sie glauben an ihren Erfolg, und … du kannst das auch!!!!!
Glaube mir!!!!

Wie das geht?
Hebe deine Mundwinkel und lächle mehr… jetzt, wirklich jetzt, ab sofort, überlege nicht… tu es einfach… jetzt… denn es ist so einfach…

Kennst du Märchen… alle Märchen haben einen Sinn… es siegt immer das Gute… die Fantasie wird angeregt… man beginnt zu träumen…
Schön, oder…
Märchen geben einem das Gefühl, dass man alles, was man möchte, schaffen kann…
Willst du mein Lieblingsmärchen wissen?
Ja?
Es ist eines, das mir bei der Vorstellung meines „richtigen und absoluten Traumlebens“ hilft:

Aladin und die Wunderlampe

Warum, wirst du vielleicht überlegen.
Ganz einfach:

In der Lampe wohnt der Geist, der Aladin, der egal, welcher Wunsch geäußert wird, immer antwortet:

DEIN WUNSCH ist MIR BEFEHL!

Genau so ist es, „Aladin“ sind wir (die, die das Gesetz der Anziehung verstanden haben) der „Geist“ ist das Universum allgemein (wir sind uns einig, dass es etwas Größeres als uns gibt) dem Guten und Dienenden kannst du einen Namen geben, mit dem du klar kommst (z. B. dein höheres Selbst, dein wahres Ich, dein Schutzengel, Gott, Universum, usw.).Hauptsache, es fällt dir leicht, diesen Namen zu benutzen.

Egal, was du dir wünschst, dein „guter Geist“ sagt immer nur eines:

DEIN WUNSCH ist MIR BEFEHL!

Befehle werden niemals in Frage gestellt, sie sind immer da, mit jedem Gedanken, den du denkst, was du sprichst, was du tust!

Darum achte ab sofort darauf zu wissen, was du wirklich willst,
achte auf das, was du sprichst und tust!

Du bist die Herrin über das Universum, der gute Geist dient dir immer und so wie du es willst, also solltest du auch denken, was du tatsächlich willst!!!!

FAZIT:
Werde dir bewusst, was du wirklich willst....
Formuliere es klar und deutlich, je präziser deine Vorstellung umso besser...
Am Besten schriftlich...
Schreibe in der Gegenwart...
Ich bin.....glücklich....erfolgreich... schön... ich lebe... meine Beziehung ist... ich besitze... meine Hobbys sind... meine Familie ist...

Schreibe dir dein Leben auf…
Wie es ist, wenn deine Wünsche schon erfüllt sind!

Glaube daran!!!!!!!!!!!!!!!!!!!!!!!!!!
Der gute Geist bringt es dir!
Das Universum (Weltall, Gott, o. ä.) „liefert“ immer!!!!

Es gibt noch ein weiteres sehr schönes Märchen, falls dir das oben Erwähnte nicht so gut gefällt:

Aschenbrödel und das Vöglein (als guter Geist), das geflogen kommt und zu ihr sagt:
Mein liebes Kind, o sage mir, was du wünschst, das schenk ich dir!

Es gibt sogar zwei Verse in der Bibel, die das bestätigen, was ich dir hier schreibe…
also glaube daran!!!

„Und alles, was ihr im Gebet erbittet, werdet ihr erhalten, wenn ihr glaubt“
Matthäus 21,22

„Alles, worum ihr betet und bittet – glaubt nur, dass ihr es schon erhalten habt, dann wird es euch zuteil“
Markus 11, 24

Zum Thema Religion eine Anmerkung in eigener Sache:

Egal, was du über die Institution Kirche denkst, manches was davon überliefert ist, ist wirklich gut.... Erkunde bei Gelegenheit einmal das Leben von Jesus Christus, seinen Aposteln und den Jüngern. Es ist sehr interessant: Vieles was niedergeschrieben wurde, funktioniert auch heute noch, man kann es sehr gut gebrauchen, um glücklich und erfolgreich zu werden!
Tatsache ist, im Glauben liegt sehr viel Gutes, nur, was die Menschen daraus machen oder gemacht haben, das ist alles andere als korrekt, denn die Institution hat sich alles Erdenkliche zu Nutze gemacht, über die Jahrhunderte hinweg, den Menschen einen Glauben verkauft und sie erbarmungslos ausgebeutet... ja sogar im Namen des Glaubens grausam getötet!

Kein Mensch auf der ganzen Welt hat das Recht, einem Menschen in irgendeiner Weise Angst zu machen.

„Gott“ ist nicht böse!

Die Menschen, die Angst und Furcht verbreiten, haben rein gar nichts mit dem „Lieben Gott“ zu tun, den sie so gerne zitieren.
Angst und Furcht machen sich diese Menschen nämlich nur zum Durchsetzen der eigenen Interessen zu Nutze!

Aber eigentlich bedeutet Leben:

Lernen zu verzeihen!!!
Lernen bedingungslos zu lieben!!!

Denn niemand anderes ist für das eigene Lebensglück verantwortlich... nur du selber mit all deinen Gedanken!

Also, wenn du Lust hast, „krame“ ein wenig in der „Gottesgeschichte“ und bilde dir deine eigene Meinung; unabhängig davon, was manche Menschen in unserer westlichen Welt damit „angerichtet“ haben.

Ich selber bin keine „Heilige“, trotzdem glaube ich daran, dass alles hier auf Erden einen Sinn macht und es einige (von außen betrachtet) von uns leichter haben als die anderen.
Die Menschen, die es angeblich leichter haben, haben uns nur eines voraus - sie wissen, wer sie sind und was sie wirklich wollen.
Sie haben gelernt, vorauszudenken und **vor allem, sie leben mit ganz viel Gefühl.**

Hört sich alles sehr gut an, stimmts!?

Was ist aber, wenn dir doch einmal „der Gaul durchgeht“ bei deinen eigenen Emotionen?
Kein Grund zur Sorge, denn wir können alles schnellstens wieder „umdenken und umfühlen“, du solltest nur deine persönliche Grenze kennen.
Genug sollte genug sein – Stress darf entstehen, aber bitte nicht langfristig!

Dazu ein Beispiel aus meinem eigenem Leben (damit du siehst „Nobody is perfekt“ und es klappt trotzdem).

Mein Mann und ich waren auf dem Heimweg von einem meiner Kurse und hatten ungefähr 60 km Autobahn vor uns.
Wir befuhren die Autobahn gerade ein paar Minuten, da begann es, sich vor uns zu stauen – *du kennst das „Oh-mein-Gott“-Gefühl sicherlich* - alle bremsten – betätigten panisch die Warnblinkanlage – na bravo - unsere ersten Gedanken waren: Runter von der Autobahn, fahren wir Landstrasse weiter - gesagt, getan – langsam laangsam laaangsaam – (du merkst schon…meine Emotionen beim Thema Autofahren ☺) ging es in Richtung Autobahnausfahrt – leider, leider machten das viele andere Autofahrer auch – abfahren - im Radio kam die Meldung: Verkehrsunfall

mit vielen Autos, bitte das Gebiet weiträumig umfahren, der Stau 10 km lang, Tendenz zunehmend – oh weia!

Tja, und dann? Was ist mit meinen Emotionen passiert?
Irgendwie konnte ich dieser (aus meiner Sicht) Situation nichts, aber rein gar nichts abgewinnen. Ich war total angenervt, enttäuscht (ich wollte doch nur nach Hause) wütend auf die anderen Autofahrer usw. usw.
Die Spirale der negativen Gedanken hatte schlagartig in meinem Kopf Einzug gehalten!

Ich merkte regelrecht, dass sich meine Emotionen auch körperlich spürbar machten:

- ein flaues Gefühl in der Magengegend
- Herzklopfen
- schwitzige Hände
- Unruhe

Keine meiner Emotionen konnte ich in den Griff bekommen, es war wie verhext!

Natürlich dauerte es ewig, bis wir zu Hause waren und ich schaffte es absolut nicht, mich positiv zu trimmen.
Es war der Wahnsinn, ich hab´s einfach nicht hingekriegt!

Stunden später, als ich im Bett lag, war mir klar, dieses Thema ist absolut hinderlich auf dem Weg nach ganz oben, also am besten „eliminieren"…loswerden…
Warum?

Alles Negative zieht sich weiter in andere Bereiche.
Es gibt sogar ein altes Sprichwort, das besagt: Ein Unglück kommt selten allein!
Also nix wie weg mit diesen Gedanken, wir schaden uns dadurch nur selber, denn jedem anderen Autofahrer, der im Stau steht, ist es schnurzpiepegal, was man im Auto für Grimassen schneidet oder für Verrenkungen vollführt.

Es gibt nur eine Lösung:
Daran arbeiten und sich positiv einstimmen.... oder falls es passiert, entspannt bleiben, die Zeit nutzen (z. B.: zum Träumen, zum Freuen, vielleicht zum Lesen usw.) und nicht alles so eng sehen!

Meine „Stauphobie“ ist eher hinderlich und im Nachhinein gesehen völlig unwichtig!
Viele solcher Vorkommnisse kennst du aus eigener Erfahrung, sie begegnen uns häufig, getreu dem Motto: Gleiches zieht Gleiches an....
Ab sofort liegt es an uns, ob wir uns von solchen „Erfahrungen“ beeinflussen lassen, oder ob wir ihnen im Laufe der Zeit immer weniger Beachtung schenken.
Sie sind vollkommen überflüssig und je mehr wir sie ignorieren und abhaken, desto schneller verschwinden sie und werden immer seltener!!

Kapitel 7

Die Kunst des Loslassens

ist auf dem Weg in das wirklich selbst bestimmte Leben eine wichtige und zugleich große Herausforderung.

Zuerst einmal sollten wir uns gemeinsam fragen, ob du das wirklich willst!
Alles, was in deinem Leben „ist“, ist deine eigene Inszenierung, das war schon immer so und wird auch immer so bleiben.
Niemand hat dich zu irgendetwas im Leben gezwungen oder in etwas gedrängt!
Es war von Anfang an dein Film mit dir als Hauptdarsteller und deinem „Energiefluss“ mit allen positiven und negativen Gefühlen.
Tag für Tag, Stunde für Stunde, ja sogar jede einzelne Sekunde zählt… all deine guten und deine „besorgten“ Gefühle machen sich in deinem Film sehr schnell breit bzw. sichtbar.

Soweit so gut!
Was kommt jetzt?
Nun genau jetzt in diesem Moment stehst du an einem Punkt in deinem Leben, bei dem alles auf die Frage hinausläuft, was du mit dem Rest deiner Tage auf diesem Erdball anstellen willst, wie willst du deinen Film füllen, was soll noch alles passieren?
Bist du bereit, neue Energie und viele gute Gefühle in deinem Leben (Film) zu mobilisieren?

Ja, logo, denkst du… darüber hast du ja schon einiges in diesem Buch gelesen!

Warum also jetzt diese Frage?

Na, ganz einfach, jetzt kommt die Arbeit und ich möchte, dass du das, was du beginnst, zu Ende bringst! Erfolgserlebnisse hast, lernst Purzelbäume zu schlagen, gerne lachst und das Leben nicht so bitter ernst nimmst!

Glücklich bist!!!!!

Gesund bist!!!!

Reich bist!!!!!

Erfolgreich bist!!!!

DEINE TRÄUME lebst!!!!!

In diesem Kapitel geschieht die „eigentliche" Arbeit und ich weiß, dass all das, manches Mal, nicht ganz so einfach wird für dich!

Nimm dir genügend Zeit, um über dein Leben nachzudenken, es soll das letzte Mal sein, dass wir Vergangenes herholen, in Zukunft blicken wir nach vorne!!!

Wir genießen den Augenblick und freuen uns auf die Zukunft!!

Dieses Kapitel unterteilt sich in folgende Bereiche:

-Will ich das wirklich?

-Abschiedsritual

-Gute Gefühle erzeugen

-Bauchgefühl herholen

Will ich das wirklich?

Um diese Frage zu beantworten, brauche ich „Zeit am Stück“ von dir, **bitte versuche** dieses Kapitel komplett zu lesen und spüre, wie es dir dabei geht!
Falls du denken solltest:
Das ist ja Wiederholung vom Kapitel 4, dann ist das teilweise richtig, trotzdem bitte ich dich, es nochmals zu lesen, denn an dieser Stelle hat es für „dein Köpfchen“ eine andere Bedeutung! Lass dich einfach von mir mitnehmen!

Wir Menschen handeln in unserer modernen Welt sehr „kopfgesteuert“, gemeint ist damit, dass wir in unserem Leben das Allermeiste mit der linken Gehirnhälfte „bearbeiten“ und permanent versuchen, alles bewusst zu steuern, größtenteils haben wir damit Erfolg (oberflächlich betrachtet), aber manchmal wollen die Dinge nicht so klappen, wie wir es gerne hätten und das hängt dann mit unseren „unbewussten Anteilen“ zusammen.

Zum Verständnis nochmals ein kleiner Exkurs (detailliert habe ich das bereits in Kapitel 4 erklärt).

Es gibt in unserem Körper das Zentralnervensystem (steuert alles Willkürliche und Bewusste) und die zwei unbewussten Systeme (die können wir nicht willentlich beeinflussen), also das vegetative Nervensystem und das Hormonsystem.

Unser Gehirn kann zwischen Außenreizen und innerlich hergestellten Reizen nicht unterscheiden und somit können wir auch innerlich gute Gefühle erzeugen.

Wir wissen, es gibt die linke und die rechte Gehirnhälfte.
Die „Linke“ ist eher die Rationale und die „Rechte“ ist eher die Intuitive.
Sie sind für unterschiedliche Dinge verantwortlich und unser Ziel sollte es sein, beide Gehirnhälften miteinander „zu verbinden“, um sie bestmöglich und optimal zu nutzen.

Hinzu kommt noch, dass wir bei unserem Körper und beim Bewusstsein ebenfalls einen bewussten und einen unbewussten Teil unterscheiden können.

Der unbewusste Teil ist bei weitem der größere, vieles in uns funktioniert automatisch.

Wir Menschen haben nur vergessen, dass auch wir vor Jahren unsere Existenz schützten durch unbewusstes, instinktives Handeln.
Pflanzen und Tiere tun das bis heute immer noch sehr erfolgreich.

Für uns „rationale“ Denker sehr erstaunlich ist die Erkenntnis, dass die bewussten Anteile in der menschlichen Entwicklung erst sehr spät entstanden sind und auch anatomisch erst sehr spät im Gehirn entwickelt wurden.
Das ist auch der Grund, warum wir immer noch sehr stark mit den unbewussten Anteilen in uns reagieren!

O. K., soweit alles klar, dann kommen wir zur ersten Übung unseres Abschiedsrituals:
Such‘ dir ruhige und schöne (auf dich entspannend wirkende Musik)
Schaff dir absolute Ruhe!

Entferne alle Störfaktoren (Telefon, „Kinder“, usw.)

Leg‘ dich flach auf den Rücken (wenn möglich auf eine Matte/Teppich am Boden)
Streck‘ die Beine einfach aus…sie sind leicht geöffnet… und lege deine Arme neben deinen Körper… locker und entspannt…

So, alles klar?
Dann lausche der Musik.
Genieße sie,
atme tief in deinen Bauch hinein (er soll richtig dick dabei werden)
und wieder aus
ein….und aus…
ein … und aus…
langsam und ganz ruhig
geh‘ in deiner Vorstellung zu deinem linken Bein…
spüre dein linkes Bein…
wie liegt dein Bein am Boden auf?
Wo liegt es nicht am Boden auf?
Geh‘ über dein Gesäß zu deinem rechten Bein…
Spüre dein rechtes Bein…
Wie liegt es am Boden auf…
Wo liegt es nicht am Boden auf?
Geh‘ in deiner Vorstellung zurück zu deinem Gesäß…
Geh‘ in Gedanken weiter zu deinem Rücken nach oben…
Spüre, wie dein Rücken am Boden aufliegt…
Genieße dieses Gefühl…

Dann geh‘ weiter von deinem Rücken zu deiner linken Schulter, dann zum linken Arm…
Spüre, wie dein linker Arm am Boden aufliegt…
Wo liegt er nicht am Boden auf?
Fühle es…
Geh‘ dann zurück zu deiner linken Schulter… zu deiner rechten Schulter… zu deinem rechten Arm…

Wie liegt dein rechter Arm am Boden auf…
Wo liegt er nicht am Boden auf…
Spüre es…
Geh‘ zu deinem Nacken hinten nach oben…
Zu deinem Kopf…
Spüre deinen Kopf…
Deinen ganzen Körper…
Dein ganzer Körper liegt am Boden auf…
Der Boden trägt deinen Körper…

Ich bin vollkommen ruhig, gelöst und entspannt

Genieße dieses Gefühl
Frage dich in diesem gelösten Zustand:
Will ich mein Leben ändern?
Wirklich langfristig?
Was fühle ich?
Freude, Begeisterung??
Denk‘ an das, was du dir wirklich wünschst!!!

Genieße dieses Gefühl….

Wenn du genug hast, dann komm zurück…
Balle deine Hände zu Fäusten und sage laut zu dir:
Ich komme zurück in diesen Raum…
Ich bin da, ich fühle mich wohl…Ich bin frisch und vollkommen da im Hier und Jetzt! [7)]

Falls du in der Übung die Fragen nicht so richtig beantworten konntest, dann beantworte sie jetzt gleich, nimm dir die Zeit, die du dazu brauchst!!

Gut gemacht…

Weiter geht's mit dem Abschiedsritual:

Schreib' einen Brief an dein altes Leben.

☺Ich weiß, es gibt viel zu tun in diesem Kapitel!!

Trotz der vielen „Arbeit" wird es dir große Freude bereiten zu erkennen, was wirklich in dir steckt!
Mein Buch ist ein: **ICH-TUE-ES-Buch**

Ja, ich tue es …
Los geht´s, schnapp dir einen Block und einen Stift und schreibe einen Abschiedsbrief an dein altes Leben.

Bring' alles, was dich annervt, traurig, unglücklich, arm, leer, antriebslos usw. macht auf Papier, damit wir es abhaken und vergessen können für immer.

Unten habe ich ein fiktives Beispiel für einen Abschiedsbrief angeführt:

Ich, ….. bin ….alt und sitze heute am….. hier, um ein Kapitel in meinem Leben zu beenden.
Am Ende dieses sehr schmerzlichen Kapitels werde ich nie wieder zurückblicken und mich auf mein neues „megageiles" und „hammermäßiges" Leben freuen!
Ich habe es verdient, ein wunderschönes und glückliches Leben zu führen!!

Verzeihen möchte ich:
Meinen Eltern….dass sie…, denn sie haben mich nach bestem Wissen und Gewissen erzogen!
All die falschen und überholten Glaubenssätze (Gedanken) wie z. B.: „Kind, das tut man nicht! Das gehört sich nicht! Das wirst du nicht schaffen! usw." werde ich über Bord werfen, ich brauche sie nicht mehr, ich bin frei!

Die Lehrer…,weil…
Die Mitmenschen…, weil…
All den Menschen, die mich im Laufe des Lebens ein Stück mitgeprägt haben.
Die Arbeit und die Kollegen machen mich wütend, unglücklich o.ä., weil…

Die Beziehungen waren eine Katastrophe, weil…
Der emotionale Stress, die Verletzungen, taten weh, weil…
Die Ängste, die Schmerzen, die Verluste, die Kränkungen, die schlechten Gedanken und Selbstzweifel und die Negativität der Menschen um mich herum, es ist der Wahnsinn, wie unmöglich mein Leben war.
Es tut mir nichts mehr, es ist vorbei…

In meinem neuen Lebenskapitel bin ich begeistert und neugierig auf alles, was ich mir wünsche.
Ich bin gesund, glücklich, erfolgreich und reich, mit vielen verschiedenen Erfahrungen in meinem Leben.
Ich besitze alle materiellen Dinge, die ich mir von Herzen wünsche, ich führe eine ehrliche und aufrichtige Beziehung.

Ich stehe ganz in meiner Mitte.
Ich fühle und lebe mich!

Such‘ dir ein Feuerzeug…
wenn alles niedergeschrieben ist an „Müll“ und Ballast.
Lies dir den Brief laut vor und fühle dich in das schlechte und beklemmende Gefühl noch einmal hinein. Spüre es!!
Alles klar… und jetzt steck‘ den Brief in das Kuvert und hol‘ dir das Gefühl herbei:

ICH BIN FREI… alles, was mich blockiert, ist vorbei… auf geht´s in mein neues Leben…

Und nun kommt das Wichtigste
VERBRENNE DIESEN BRIEF!!!!...Jetzt... im Kamin, im Ofen, im Waschbecken
Egal wo... Hauptsache, du verbrennst ihn!!

Verbrenne diesen Abschiedsbrief mit den Gedanken:

Ich vergebe mir und allen Menschen.
Ich habe viele Erfahrungen machen dürfen und das war gut so!
Jetzt bin ich bereit, meine eigenen ganz bewussten Entscheidungen zu treffen!
Ich bin frei... ich lasse Altes zurück!!!
Auf in mein neues Leben!
Ich freue mich!!!
Es ist einzigartig!

Gut, alles geschafft!

Herzlichen Glückwunsch, ab jetzt schreibst du dein ganz persönliches Erfolgstagebuch! (Möglichkeit dazu hast du am Ende dieses Buches.)

Vertraue darauf, viele Menschen, die sich mit dem Thema „Glück, Erfolg, Gesundheit im Leben“ beschäftigen, denken das Gleiche wie ich:
Man soll die Vergangenheit ruhen lassen....vorbei ist vorbei.....sie kommt nie wieder.... Meine Gegenwart kann ich sofort ändern, meine Zukunft mit den aktuellen Gedanken und Gefühlen positiv und glücklich verursachen.

Also noch einmal, vergiss die Vergangenheit...wir haben sie mit dieser Arbeit in dem Kapitel ein für allemal abgehakt.

Lass‘ die Vergangenheit ruhen!!!!!
Hör auf, daran zu denken!

Es wird dich nie wieder blockieren!
Versuche ab jetzt, nie wieder an die schlimmen, schmerzhaften oder abschreckenden Gründe zu denken.
Sonst fixierst du dich nur wieder auf das, was du nicht haben willst!

Lass‘ die Finger davon, Leute um dich herum ändern zu wollen, deine Mitmenschen spielen ihre eigene Show, schon vergessen?
Du musst diese Menschen nicht ändern, um dich wohl zu fühlen, hör‘ einfach auf, an sie zu denken!

Grüble nicht soviel, tue stattdessen alles Mögliche, damit du schnell wieder in Schwung kommst! **„Grübeln“ bedeutet den Fokus aufs „Problem“ zu richten!**

Richte deinen Fokus ab sofort auf das, was du willst!!

Wenn du dich schlecht fühlst, dann mach‘ dir bitte keine Vorwürfe!!!
Dann ist es so, gib dich diesem schlechten Gefühl hin (für ein paar Stunden, später nur noch für ein paar Minuten), aber lerne abzuwägen, wann dieses Gefühl reicht!
Wie?
Indem du nachdenkst, woher dieses Gefühl kommt!
Wenn du den Grund kennst, kannst du dich wieder umkonditionieren, also aus dem schlechten ein gutes Gefühl machen!

Grundsätzlich ist dieses Gefühl ab sofort sowieso fehl am Platz, aber es kommt gelegentlich einfach ganz automatisch in dein Leben, also schenke einem miesen Gefühl nicht zuviel Bedeutung, sondern denke an das, was du willst!

Es gibt nur etwas zu gewinnen, nichts, aber rein gar nichts zu verlieren...

Gute Gefühle erzeugen

Wie geht das denn?
Gute Gefühle ziehen positive Gedanken nach sich …
Erfolg stellt sich nach dem Prinzip der Anziehung ein

Leichter gesagt als getan?
Vertraue mir, mit ein bisschen Übung klappt das bei jedem.

So, wo stehen wir jetzt auf unserem Weg?

1. Du kennst deinen Ausgangspunkt
2. Du weißt, was du loswerden willst bzw. nicht mehr haben willst in deinem Leben
3. Du hast alles „Alte“ hinter dir gelassen
4. Du willst richtig durchstarten

Gratulation, viele wichtige Schritte sind schon abgearbeitet!

Der Rest wird auch nicht schwerer, also kriegst du das genauso hin wie viele andere auch!

Alles, was du hier liest und bearbeitest, habe ich voller Überzeugung niedergeschrieben, da ich fest daran glaube, dass es nicht nur für viele Menschen, die richtig reich sind, bewusst oder unbewusst, nach diesen Prinzipien geklappt hat, sondern dass auch du es wirklich schaffen kannst und dann voller Inbrunst genau wie ich sagen kannst:
Jawohl, es funktioniert! Tatsächlich!!!
Gib nicht auf in den ersten Monaten…. Denke daran ….
Etwas, wovon man überzeugt ist, gibt man nicht auf… man versucht es so lange, bis man es erfolgreich beendet…
Nur einen Brief gibt man auf… Keine bewusst getroffene Entscheidung!
Je mehr Menschen das verstehen und anwenden werden, umso schöner wird es auf dieser Welt sein!

Mach‘ mit…. es funktioniert….

So, dann beginne mit dem ersten Schritt, wie du bei dir gute Gefühle erzeugen kannst, sie sind unter folgenden Begriffen bekannt:

Staunen, Anerkennung, Begeisterung, Wertschätzung, Erregung, Bewunderung, Liebe, Dankbarkeit. [8)]
Kennst du diese Gefühle?
Ja, ….

Kannst du diese Gefühle jederzeit hervorholen und fühlen?
Wie ich das meine?
Schalte diese Gefühle ein, genauso wie du sie benötigst.
Ähnlich, wie wenn du das Licht an- und ausschaltest.
Das Umlegen deines inneren Schalters von dunkel auf hell… weg vom Dunklen, Verhassten, Traurigen… bring‘ dich innerlich zum Erstrahlen mit den richtig guten und schönen Gefühlen.
Damit kannst du Situationen selber bewusst verändern.
Echtes Schöpferdenken macht Erfolg zwingend!

Ich meine das durchaus ernst, wenn wir nicht lernen, selber zu erschaffen, unsere Realität so zu erschaffen, wie wir sie haben wollen, haben wir nicht die geringste Chance!
In unserem Leben wird weiterhin Mangel herrschen und wir bleiben damit das Opfer für den Rest unseres Lebens.

Kennst du das „**WOW-geht's-mir-gut-Gefühl**“ in dir?
Ein Gefühl, das dich schlichtweg wahnsinnig macht vor lauter Freude und Begeisterung?

Ein WOW war das Geil-Gefühl?

Denk‘ jetzt nicht an SEX!!!

Was hat dich wirklich emotional begeistert?
Was hat dich ganz aus „dem Häuschen“ gebracht?
Wann hattest du das „WOW-geht’s-mir-gut-Gefühl“? [8)]

Es ist dein Buch, dein Leitfaden zum Erfolg, also schreibe in die Zeilen so viele Dinge, bis sich dieses Hammergefühl der Begeisterung, das „WOW“ einstellt!!

Hol‘ dir dein Gefühl!!!

Los geht's:

Oh ja, das war der Wahnsinn…(notiere) das war ein schönes, tiefes, irres „WOW"-Gefühl:

Spürst du dieses Gefühl?!!! Genieße es!!!

Jetzt bist du ganz du selber, bzw. wir sagen, du bist mit deiner inneren Führung/deinem Meister, mit deinem höheren Selbst verbunden!

Wahnsinn oder, was man in solchen Momenten spüren kann!

Mit Hilfe eines Gefühls rufst du eindeutige körperliche Empfindungen hervor, das bedeutet für uns, wenn du an das Stimmgabelexperiment denkst, hast du deine Schwingung verändert!!!

Das macht Spaß und du bist voller Lebenskraft und Tatendrang!!

Kapitel 8

Noch mehr funktionierende Tipps

In diesem Abschnitt gebe ich dir ein paar weitere Tipps, um langfristig und immer bzw. sofort gute Gefühle erzeugen zu können.

Um dir die Arbeit zu erleichtern, möchte ich dich bitten, noch einmal kurz gedanklich mit mir zusammenzufassen, was du schon alles für dich gelernt hast.
Erinnern wir uns, im Kapitel „die ersten Tipps und Tricks“ habe ich dir folgende Arbeitspunkte mit Sofortwirkung vorgestellt und dich gebeten, allesamt einfach auszuprobieren, das waren:

1. **Lächeln**
2. **Gesunde Ernährung**
3. **Frische Luft und Bewegung**
4. **Erfülltes Sexleben**
5. **Entdecke dich neu**
6. **Ausreichend Schlaf**
7. **Entspannungs- oder Einschlafübungen**

Wie klappen die sieben Punkte?
Bereits gut?
Super, gratuliere!

Noch nicht so ganz?
Kein Problem, Rom wurde auch nicht an einem Tag erbaut, du brauchst ein klein wenig mehr Zeit.
Bleib‘ dran, dann wird das schon!

Wie klappt es mit dem Hervorrufen von positiven Gefühlen?
Ist es dir möglich, die „schlechten“ Gedanken sofort zu stoppen und „umzudenken“?
Kannst du Bewunderung, Staunen, Begeisterung, Freude, Liebe, Dankbarkeit und viele andere Gefühle jederzeit aufrufen?

Sofort?

Im Handumdrehen?

Noch schwierig? Fast unmöglich vielleicht?
Bleiben wir zusammen dran an diesem Thema, denn das bewusste Umlegen deines inneren Schalters von negativ auf positiv ist eine der wichtigsten Lernlektionen überhaupt!!

Um dir nochmals zu verdeutlichen, wo du tatsächlich stehst, wenn es um deine „rechte, emotionale und weibliche Gehirnhälfte“ geht, hier ein kleine Aufgabe:

Sprich die Farben laut aus!

NICHT DIE WÖRTER! [9)]

GELB **BLAU**
ORANGE

SCHWARZ **ROT**
GRÜN

VIOLETT **GELB** **ROT**

ORANGE **ROT**
GRÜN

GELB **SCHWARZ**
GRÜN

DIESE Übung zeigt dir, wie ausgeprägt deine Gehirnhälften sind!
Schwer?
Dann ist das ein Hinweis darauf, dass du noch immer sehr rational-verstandsmäßig tickst, also deine linke Gehirnhälfte den Ton angibt.
Das bedeutet konkret nur eines: Üben, üben und nochmals üben!!

Deine eigenen Gefühle bewusst zu steuern ist ein sehr entscheidender Faktor, um wirklich glücklich und erfolgreich zu leben.

Dafür gebe ich dir nun einen ganz simplen Trick mit auf den Weg:
In der Fachsprache nennt man das „Gedankenstopp". [15)]

Das heißt nichts anderes, als dass man jederzeit seine unguten, schlechten usw. Gedanken ganz bewusst stoppt und durch neue, bessere ersetzt.
Achtung:
Wenn du nicht versuchst, an diesem Thema gewissenhaft zu arbeiten, wird sich in deinem Leben nichts, rein gar nichts ändern und du hast ein Leben lang das Gefühl, das Opfer zu sein. All das, was du nicht haben willst, wird aber weiterhin dein Leben bestimmen!

Vertraue mir.....Gefühle bewusst zu steuern, kann man tatsächlich lernen!!!
In erster Linie geht es darum, sich gut zu fühlen, ganz egal, wie du das machst!
Es wird dein bzw. unser erstes Ziel sein!
Viele Tipps hast du ja bereits im Kapitel „Die ersten Tipps und Tricks" gelesen und hoffentlich fleißig umgesetzt.

Dann können wir an dieser Stelle fortfahren, falls nein, dann blättere zuerst noch einmal zurück und versuche das Erwähnte Schritt für Schritt umzusetzen. Keine Sorge, du schaffst das! Nicht aufgeben, die Arbeit an dir selber ist anstrengender als alle anderen Arbeiten, du kannst niemanden, außer dich, kritisieren, du kannst nichts vertuschen, du musst ganz bewusst den „nackten" Tatsachen, sprich deinen „Schwachstellen" ins Auge sehen.

So, dann können wir jetzt loslegen, **täglich** ein bisschen zu üben!

„Was werde ich täglich üben?"

Deine Erwartungen zu ändern, ist die erste Herausforderung!

Die Erwartung ist eine mächtige Kraft, Verlangen verbindet dich mit Ersehntem, Erwartung bringt es dir in dein Leben!
Jedes Mal, wenn du angstvolle Erwartungen hast, blockieren diese „Ängste" dich und sie hindern dich am Erschaffen deines Glücks. Sie bringen dir Probleme, Hindernisse, Krankheiten, Verluste usw. ... Tag

für Tag bestätigen sich deine Gedanken mit all den Dingen, die dir passieren. Aber warum? Du denkst so!! Du erwartest es so!! Tu' dir einfach selber einen Gefallen – erwarte nur noch angenehme und erfreuliche Dinge in deinem Leben! ☺ ☺

Das, was du im Moment gerade bist, ist ein Resultat dessen, was du gedacht hast!

Es ist nie zu spät, weiter an sich zu arbeiten, um sein Leben so zu haben, wie man es sich wünscht; vergiss nicht - gut soll es sich anfühlen, ich will ganz ich sein, ...
Jetzt verrate ich dir die Technik, mit der du das erreichen kannst, sie ist sehr einfach, aber wirkungsvoll:
Lass deinen Tag am Abend im Bett oder ein wenig vorher noch mal an dir „vorbeilaufen"!
Was ist gut gelaufen? Welche Ereignisse haben dich gefreut?
Spüre noch etwas von dieser Freude in dir und sag DANKE! (egal bei wem, Hauptsache du denkst bzw. sagst DANKE)
Welche Momente sind nicht so gelaufen, wie du es gerne gehabt hättest?
So, bis hierher ist es logisch und jetzt kommt der Clou an der SACHE:
Die „negativen" Momente und Ereignisse werden umgewandelt!!!
Ja richtig, diese Momente änderst du in Gedanken ab, wie hätte es sein sollen?
Erschaffe DEINE Gedanken neu, so wie DU es gerne möchtest!
Damit ist der neue Tag mit einer neuen und guten Frequenz ausgestattet und du erschaffst neue und schöne Bilder für deine Zukunft!
ES IST NIE ZU SPÄT, also versuche es einfach!

Wie noch mal?
Für Schönes bedanken...
DANKBARKEIT IST EINE SEHR WICHTIGE TUGEND.
Dankbarkeit puscht dich ungemein nach vorne!!
Viele verkennen das und überlegen immer und immer... was muss ich optimieren?
Dabei ist es ein klitzekleines Zauberwort, nämlich das Wort: DANKE!

Versuche es mit Dankbarkeit, oft ist diese Eigenschaft des Rätsels Lösung!

Negatives umwandeln… erfolgreiche Bilder malen

(„male“ dir die Situation positiv, erfolgreich, „schön“ bzw. so, wie sie für dich optimal gewesen wäre)

TÄGLICH, vielleicht beim Schlafengehen!!!

Beginne den Morgen mit einem Lächeln und in freudiger Erwartung, dein inneres Lächeln soll dein Außen zum Strahlen bringen, denk‘ dir deinen Tag so, wie du ihn willst, plane den Tag in deinen Gedanken, fühl‘ dich hinein, er wird so kommen!
„Ja aber“, wirst du jetzt denken, alles ist nicht immer so prickelnd!
Richtig, zum Beispiel ein ätzender Stau, den können wir natürlich nicht wegzaubern, aber wem hilft´s, wenn du dich aufregst? Niemandem, oder? Du schadest dir damit nur selber, dein Herz rast, dein Puls wird schneller, du reagierst genervt auf deine Beifahrer usw. usw.
Mach´s einfach mal anders, versuch‘ in jeder noch so misslichen Situation etwas zu finden, das dir ein gutes Gefühl vermittelt, „totaler Quatsch“, nein glaub‘ mir, es wird dir dadurch viel besser gehen!!
Nachdem solche Reaktionen für uns nicht typisch sind, ist es ein Stückchen Arbeit, aber es hilft dem eigenen Leben ungemein, wenn man sich nicht mitreißen lässt.
Erinnern wir uns: Schlechte Stimmung, miese Laune beeinflusst auch alles andere in deinem Leben!

Wenn du wirklich miese Laune haben willst und die auch so richtig ausleben willst, also alles zum Kotzen findest, dann ist das nur allzu natürlich und verständlich und vollkommen in Ordnung, aber – und jetzt aufgepasst – vergiss niemals, alles „Doofe“ wieder zu bereinigen!!!!

Miese Laune solltest du bewusst leben und dann wieder abhaken!

Konkret also einen so genannten Gedankenstopp tätigen!

Was bedeutet: Bis dahin und jetzt ist Schluss mit dem Gejammer!

Such‘ dir irgendeine blöde, lächerliche Belanglosigkeit, die dir hilft, einen positiven Aspekt zu finden. Es muss etwas Nettes, Positives sein!!!!

Sobald ich in solchen Situationen etwas Schönes bemerkt habe, gerät etwas in Bewegung und ich spüre die Veränderung an mir.
So wird es auch bei dir sein!

Bei mieser Laune gibt es auch noch zwei weitere Möglichkeiten:

Sich selber gut zureden

Kann wahre Wunder vollbringen!

Sprich dich direkt mit deinem eigenem Namen an!

Sprich mit dir selber über alles, was dir hilft und was dich tröstet, bis du dich wieder besser fühlst!!!

Laut Musik hören und sich mitreißen lassen
z. B herumalbern und mitsingen wie ein Kind!

Kindisch?! Na und?!
Es sieht und hört dich ja keiner, probier ´s mal aus, Bewegung und gute Musik wirken oft Wunder!

Egal was du tust, das Ziel ist klar definiert:

SICH BESSER ZU FÜHLEN
JEDEN TAG EIN BISSCHEN MEHR!!!! [10)]

Warte nicht darauf, es irgendwann anzupacken,
-NEIN- tue es jetzt!!!!!

Resignation heißt Stillstand, heißt **unfähig zu sein**, um für sich selber zu handeln!

Probiere es ganz bewusst ein paar Wochen aus, tu‘ einfach das, was ich dir vorschlage und du wirst den Unterschied wahrhaftig merken.

Einen Haken gibt es an dieser Sache:

Die Spezies Mensch agiert im Alltag, ohne groß zu überlegen, fast schon automatisch bzw. wie von Geisterhand bewegt, alles wird hingenommen, alles wird schlecht gemacht, alles gerne den anderen in die Schuhe geschoben, gerne wird kritisiert und am liebsten schreibt Mensch allen anderen vor, was sie zu tun oder zu lassen haben.

Negativität, Resignation, blinder Egoismus, all das überrumpelt die Menschen, ohne dass sich irgendeiner von uns Gedanken darüber macht.
Ich behaupte, viele Menschen kriegen das, was da vor sich geht, gar nicht mit, es automatisiert sich!

Also wirklich, und jetzt?

Hältst du mein Buch in Händen…
wunderst dich, dass da alles ganz anders darin steht!
Meine Thesen, die mit den deinen, die du bereits mit der Muttermilch aufgesogen hast, so rein gar nichts Gemeinsames haben.
Verständlich für mich, dass du jetzt ins Überlegen kommst!

Ich will dich herausreißen aus diesem automatisierten Gedankengut!
Tun wir´s,

wer sagt uns denn, dass die ganzen Miesepeter auf diesem Erdball recht haben?

Niemand, oder!
Menschen, die man Klasse findet, sind authentisch, strotzen vor Power und vertrauen sich, sprich, sie haben gelernt, ihr gutes Gefühl zu beherrschen!

„Mach den ersten Schritt im Vertrauen.
Du brauchst nicht den ganzen Weg zu sehen.
Mach einfach den ersten Schritt.“
(Dr. Martin Luther King jr.1929-1968)

Kapitel 9

Rückschläge? Und jetzt?

Überlege, sortiere dich, dann fühle in dich hinein und handle

Warum so ein Thema? Wollte ich dich nicht motivieren?

Rückschläge sind das Salz in der Suppe.

Betrachte dein Leben wie eine Achterbahnfahrt, es geht mal steil bergauf und dann auch wieder nach unten.

Wenn du weißt, was du willst und daran arbeitest, gibt es selbstverständlich Rückschläge, aber sie werden weniger und weniger und du lernst damit klarzukommen!

Noch etwas in eigener Sache:
Manchmal sind wir stur, trotzig oder uneinsichtig und ein klein wenig egoistisch (ohne den Draht zu unseren Gefühlen), dann neigen wir dazu, uns allen möglichen Müll aufzuhalsen!
Sprich, wir sind an unserem Desaster oftmals selber schuld!

Wenn du beginnst, deine Gedanken sprich deinen Fokus zu ändern, dann ziehst du fortan nur noch die Erlebnisse in dein Leben, die **du willst**!

Rückschläge, z. B. wenn Personen oder Geschehnisse in dein Leben treten und du dabei das Gefühl hast, sie schaden dir und es widerspreche meinen Zeilen, dann bedenke immer, dass unser Leben auch aus Prüfungen besteht, wir müssen ab und zu schmerzliche Dinge erleben, um daraus zu lernen.
Diese Prüfungen sind sehr wichtig, sieh es doch einmal so: Bestandene Prüfungen zeigen deutlich, wie engagiert du warst…du wirst für deine Leistungen belohnt...es ist also nichts anderes als eine Bestandsaufnahme.

Somit weißt du, ob du auf dem richtigen Weg bist oder schlicht-weg auf dem Holzweg.

Im Klartext heißt das:
Nicht wieder irgendjemanden oder irgendetwas die Schuld geben, sondern überlegen, wie die eigenen Handlungen hätten besser überlegt werden müssen. Fühle dich in die „schlechte“ Situation hinein und bereinige sie, indem du gute Gefühle „beimischst“.
Im Anschluss daran vergiss dieses Erlebnis, nicht daran festhalten, auf zu Neuem, mit viel gutem Gefühl und einem Lächeln auf den Lippen.

Es geht in diesem Kapitel um alles, was dir „schadet“.

Krankheiten zum Beispiel sind ein Alarmzeichen deines Körpers, dass dein Geist mit irgendetwas nicht klar kommt.
Nimm diese Zeichen ernst und hoffe nicht nur auf das Pillchen vom „guten, alten Doc!“
Der Körper ist das Produkt unserer Gedanken und Emotionen. In der Medizin stehen die „Schulmediziner“ immer noch am Anfang zu verstehen, in welchem Ausmaß die Art der Emotionen und Gedanken die Psyche, die Struktur und die Funktionen unseres Körpers bestimmen.

Du kannst dich nicht anstecken bzw. infizieren, wenn du nicht daran glaubst, dass das möglich ist.
Falls du aber glaubst, das könntest du bekommen, dann sendest du mit deinen Gedanken eine „Einladung“ aus. Und was passiert dann? Du bekommst schneller „Besuch,“ als dir lieb ist.
Wenn du Menschen zuhörst, die über Krankheit, Ängste usw. reden, lädst du das auch zu dir ein. Beim Zuhören bist du mit deiner Aufmerksamkeit, deinen Gedanken und Emotionen bei der Krankheit, laut Gesetz der Anziehung bedeutet das, wenn du deine Aufmerksamkeit auf etwas richtest, dann kommt es auch in dein Leben.
Menschen, die verlernt haben, glücklich zu sein und sich immer wieder über den Mangel in ihrem Leben beklagen (z. B. ihre Krankheit) sind für „deine Seele“ nicht gut.

Ein Mangel (z. B. eine Krankheit) hat immer etwas mit Ängsten oder falschen Gedankenmustern zu tun. Dieser Mangel schadet der Person selber, aber auch dem Zuhörer, sprich dir, vor allem, wenn es dich sehr betroffen macht, also wenn du Mitleid hast. Tief in dir entsteht ein „ungutes" Gefühl, dieses Gefühl raubt dir Kraft bzw. Energie. Ganz konkret heißt das, du wirst tatsächlich „anfällig" bzw. sendest eine Einladung aus und ziehst Unangenehmes in dein Leben.
Was kannst du tun?
Differenziere zwischen Mitleid und Mitgefühl!
Mitleid macht dich starr (gedanklich, nicht körperlich), stürzt dich in Hoffnungslosigkeit, reißt dich in die Spirale der Angst. Deine Gedanken kreisen um den Mangel des anderen. Negatives macht sich breit, beim Betroffenen genauso wie bei dir! Vergiss nicht, du bist wie ein Funkturm, du sendest und empfängst in der jeweiligen Frequenz.
Mitgefühl mit einer betroffenen Person zu haben ist dagegen eine sehr menschliche und bereichernde Eigenschaft. Mitfühlen heißt den anderen und seine Ängste zu verstehen, aber es bedeutet auch, dem anderen Kraft bzw. Energie und Stärke mitzugeben. Oftmals sind das nur kleine Gesten, wie z. B. jemanden aus tiefstem Herzen heraus zu umarmen und zu drücken, ihn weinen zu lassen, ihn zu stützen und zu halten, ihm zu zeigen, ich bin da!
Auch der beiläufige Satz: „Das schaffst du schon,... das wird schon wieder, vertrau' darauf", kann ungemein helfen!

So, nun aber auch noch etwas Wichtiges für dich und deine „geistige" Gesundheit!
Mitgefühl anstelle von Mitleid zu haben, bedeutet für das eigene Leben zugleich, lass' dich nicht vom Leid bzw. dem Mangel der anderen mit nach unten ziehen. Es ist nicht deine Aufgabe, deren „Retter" zu spielen! Jeder Mensch kann sich nur selber helfen! Mit seinen eigenen Gedanken!
Stopp, aber eines kannst du auf alle Fälle tun,... den anderen vorleben, wie das Leben funktioniert.
Lebe in Fülle, lebe glücklich, achte dich und deine Gesundheit!!
Das alles kannst du tun!

Denk‘ daran, deine geistige Haltung ist immer dafür verantwortlich, was war, was ist und was kommen wird.
Spüre deine vollkommene Gesundheit!

Wiederhole folgende Sätze für dich:
Ich fühle mich wohl!
Ich bin gesund! Absolut gesund!

Falls sich trotzdem Anzeichen von Krankheit bei dir selber bemerkbar machen, kann es sein, dass du vielleicht zu wenig auf dich und deine eigenen Belange geachtet hast oder dich zu wenig um dich gekümmert hast und dein Körper dir jetzt eine Auszeit „gönnen“ will. Krankheit heißt zu überlegen, zu sortieren und vor allen Dingen zu handeln!
Denke richtig!
Sprich nur aus, was dir, deinen Wünschen und Zielen nützt!

Denn unvollkommene, schlechte und ängstliche Gedanken sind der Auslöser für viele Krankheiten, Armut und Unglück im Leben der Menschen. Es gibt sogar Glaubenssätze über das Altern, die schon unsere Großeltern sagten, dann unsere Eltern und jetzt übernehmen wir sie, ohne uns der Konsequenz bewusst zu sein, so z. B. „Tja, das Alter, da kann man nichts machen“, „wirst schon selber sehen, mit 50 Jahren (oder Zahl X) gehen die Wehwehchen los!“ Vieles davon ist in unserem Kopf verankert. Warum eigentlich?
Wissenschaftler behaupten seit Jahren, dass wir innerhalb kürzester Zeit einen erneuerten Körper haben.
Also warum denkst du, dass du alterst?
Altern ist „begrenztes Denken“, verdamm‘ die unnützen Gedanken aus deinem Bewusstsein!
Weißt du, dass dein Körper nur Monate alt ist, egal, wie viele Geburtstage du schon hinter dir hast! Besinne dich auf Gesundheit und ewige Jugend! Deine Körperzellen regenerieren sich immer aufs Neue. Es gibt Menschen, die sind schon mit 30 Jahren alt, innerlich wie äußerlich, sie leben nicht, sie strahlen nicht; tja und andere wiederum sind 70 Jahre und du triffst sie im Urlaub, gut gelaunt im Fitnessstudio und sie verraten dir

ihr Geheimnis: Immer etwas für sich zu tun, richtig zu denken und zu fühlen!
Gib auch du nichts auf das „Allgemeinwissen“ über Krankheiten und das Altern! Negative Botschaften helfen dir ganz und gar nicht! Vergiss es einfach … es ist dir nicht dienlich!

Lachen zieht Freude in dein Leben, lässt Negativität los und führt zu Wunder gleichenden Änderungen in deinem Leben!
Hast du irgendetwas dabei zu verlieren?
Nein, du kannst nur gewinnen, wenn du dich von den falschen Gedanken befreist… ☺

Der Placeboeffekt in der Medizin ist ein sehr gutes Beispiel dafür, wie das Gesetz der Anziehung funktioniert. Wenn ein Patient wirklich glaubt, dass die Tablette ein Medikament ist, dann glaubt er daran und wird geheilt!
Der Glaube und das Fühlen versetzen Berge!!!

Rauchen ist ungesund… Lüge oder Wahrheit?
(die Antiraucherbewegungen mögen mir verzeihen, ich stelle mir gelegentlich die Frage, warum kümmern sich die Teilnehmer dieser Bewegungen so sehr um andere? Brauchen wir Beschützer? Sollte nicht jeder für sich entscheiden dürfen? Warum beschäftigen wir uns so viel mit dem „Besserwissen“ für andere Menschen?)

Es gibt Raucher, die keinen typischen Rauchertod sterben und auch keine Nebenwirkungen verspüren.
Wiederum sterben Nichtraucher an den gleichen Krankheitsbildern wie die Raucher!
Warum wohl?

Der Glaube und das Fühlen versetzen Berge!!!

Die Krankheit Krebs ist in aller Munde, sie verbreitet Angst. Krebs ist wie eine moderne Seuche, von der sich die Menschen anstecken lassen!

Bei dieser modernen Seuche ist zwischenzeitlich bewiesen, dass die Patienten unter anderem folgende Züge in ihrem Persönlichkeitsprofil haben können:

*kein befriedigendes Verhältnis zu den Eltern
*wenig Möglichkeiten, den Gefühlen Ausdruck zu geben
*wenig Möglichkeiten, die eigene Kreativität einzusetzen
*Misserfolgsgefühle den eigenen Leistungen gegenüber
*stures Hinnehmen von Irrtum und Unglück

Der Glaube und das Fühlen versetzen Berge!!!

Mach‘ Schluss damit!!

Nach überstandenem Tief solltest du es unbedingt schaffen umzuschalten und mit kindlicher Neugier weiterzugehen! Was hast du zu verlieren, wenn an manchen Tagen Dinge nicht so klappen, wie du es gerne gehabt hättest?

Es zeigt dir vielmehr: Hoppla, aha, da ist also noch mehr Optimismus angezeigt!
Nichts weiter als deine neue Herausforderung auf dem Spielplatz des Lebens!

Spiel‘ dein Spiel des Lebens!!!!

„Überlegen, Fühlen, Handeln“
Sollte dein Motto werden, wenn irgendwas in deinem Leben stagniert.
Wie geht es mir?
Ehrlichkeit ist angesagt,
manipuliere dich nicht selber und schieb‘ alle Schuld auf andere, das bringt nichts, wirklich!

Wie fühlst du dich?
Beschissen?

Leer, müde, gelangweilt usw.?
Fühlst du dich krank?
Dann ist das die Summe der ganzen Negativität, die du ausstrahlst.
Negatives zieht immer noch mehr Negatives an.
Sei dir dessen immer bewusst und lerne deinen Körper zu „entmüllen“.

Mein Motto:
Ausleben,
Auskotzen,
Grantig sein…
egal was du tust,
reagiere dich ab, ganz bewusst…
ABER DANN lass‘ es gut sein!

Alte Zöpfe braucht niemand mehr!

Lass dich nicht von deinem neuen Weg abbringen!
Das Ziel muss klar sein und es ist egal, ob es ein wenig schneller oder langsamer geht…
Hauptsache vorwärts geht's!

Mit dem Gespür, das du im Laufe des Lesens und Übens für dich selber entwickelst, wirst du sehr schnell merken, wie du „tickst“!

Wie ist es am Anfang?
Wie ist es später?

Es gibt Menschen, deren ganzes Gedankengut kreist fast schon penetrant um Folgendes:
„Oh je, was passiert mir schon wieder? Ich Arme kann sowieso nichts dagegen tun. Immer ich!“

Das sind die Menschen, die im Kreisverkehr fahren, da wird alles so bleiben wie es ist.
Bis ans Ende ihrer Tage!!! Schöne Perspektive, oder?
Ich habe da noch eine andere Lebensvariante anzubieten:

Man lebt nur so dahin…
Also man steht auf Standby… (wie z. B. der Fernseher oder der Kaffeeautomat, die Geräte sind nicht komplett abgeschaltet, werden aber auch nicht aktiv genutzt).
Man findet nichts besonders toll und auch nichts besonders dramatisch….
Tja, das ist halt mal so, denken dann viele,
aber Achtung: die eigenen ziellosen Gedanken und die der anderen schwingen auf unserer Wellenlänge…
das ist nicht besonders prickelnd, sondern kann im Laufe der Zeit sehr unangenehm werden!
Man „wird gelebt“ und trifft keine wirklich eigenen Entscheidungen!
Tja und Fakt ist, **genau diesen Weg wählen die meisten von uns ganz unbewusst!**
Du auch?!

Stopp, Schluss damit!!!

Ich kann dir eine echt „hammermäßige“, lässige und schöne neue Variante anbieten:

Die Freude auf den Tag siehst du schon am Morgen im Spiegel,
wenn du dir in die Augen schaust, deine Augen glänzen vor Freude und Power,
du weißt, es wird ein guter Tag,
du hast Power,
du spürst den Drang auf Leben,
auf dein L E B E N
Jippi, du kennst das „Wow-Wahnsinnsgute-Gefühl“,
nichts kann dich bremsen,

Du bist richtig in Fahrt!
Du bist voll da!
Du fühlst dich!
Du bist du!
Du bestimmst deinen Tag,
deine Erlebnisse!!
Du wirst angetrieben von der höchsten positiven Energie, die es gibt, du fühlst dich pudelwohl, du könntest die ganze Welt umarmen, du fühlst dich auf dem richtigen Weg, du fühlst dich sicher und geborgen!
Du vibrierst innerlich vor positiver Erregung und die Arbeit bzw. die Herausforderungen gehen dir wie selbstverständlich von der Hand!!
Es geschehen viele Fügungen in deinem Leben,
im Klartext, du bist zur richtigen Zeit an der richtigen Stelle!!
Du erreichst das, was du dir vornimmst!
Jeder von uns hat in der Regel leider die „mühseligen Programme" erlernt bzw. unbewusst antrainiert, ich will dir helfen, mit dem „Turboprogramm" glücklicher und leichter zu leben.
Merke dir für die Zukunft Folgendes:
Du kannst die anderen Menschen oder Umstände nicht ändern, das funktioniert nicht, ändere dich, indem du herausfindest, was du wahrhaftig willst und arbeite an dir, dann wird vieles wie von Geisterhand aus deinem Leben verschwinden, dich nie und nimmer belasten oder beeinträchtigen.
Wertschätze dein DASEIN, egal woran du glaubst oder nicht glaubst, alles hat einen Grund und nichts im Leben kommt von ungefähr, du hast es verursacht und wenn es nur so war, dass du dich im „Standby-Betrieb" befunden hast.

Freu' dich über dein Leben, danke dafür, egal wem (Gott, dem Universum o.ä.), es wirkt Wunder!

DENKEN und FÜHLEN ist angesagt, Vorbeimogeln gilt nicht, wenn du bewusst leben willst.

So, falls du jetzt denkst: So ein Mist, ich habe 'zig Dinge falsch gemacht!

Dann kann ich dich an dieser Stelle beruhigen, **das Richtige (Positive) wirkt tausendfach schneller und „ENTMÜLLT" dein Leben ungemein rasant.**
Also keine Sorge, es ist nie zu spät und alles ist möglich, wenn du dranbleibst.

Ich erzähle dir keinen „Müll", sondern es ist meine absolute Überzeugung, dass es tatsächlich so ist!
Warum?
Die Menschen, die ich getroffen habe und die das verkörpern, was ich mir wünschte, haben diese Regeln beherrscht und sich nicht beirren lassen, von nichts und niemanden, sie sind ihrer Intuition gefolgt und haben, jeder auf seine Weise, ihre persönlichen Träume verwirklicht!
Auch ich habe gewusst, es gibt da etwas, das kann es nicht gewesen sein! Tief drinnen ein immer stärker werdendes Gefühl, das dir vermittelt, du findest, was du suchst und du schaffst das! So hat sich ein Puzzleteil nach dem anderen gefunden und ich habe vieles für andere unmöglich Gehaltene erreicht

auch du kannst das…

jetzt bist du dran, etwas draus zu machen!

Tauch' alles in gute Gefühle, ändere deine Ausstrahlung, deine Schwingung und es dreht sich alles in die richtige Richtung!

****

Erzähle dir dein eigenes Leben und lebe danach [11)]

Wie kannst du dir das vorstellen?

Viele Tipps von mir kannst du bereits umsetzen und manches gute Gefühl hat sich bereits in dir manifestiert.

Rückschläge sind, wie bereits erwähnt, wichtig um festzustellen:
Ah ja, da stockt es noch ein wenig! Es ist also im Fühlen und Denken noch Nachholbedarf, aber die Rückschläge sind vermeidbar, wenn du langfristig richtig fühlst und denkst!

Lebensbücher können dir dabei helfen!
Erschaffe dir in deinen Gedanken dein Leben!
Fühle dein zukünftiges Leben!
Rede mit dir über dein zukünftiges Leben!

Sicherlich hast du das bisher noch nicht in Erwägung gezogen und mit deinen Wünschen ist Folgendes geschehen:

Du denkst an etwas und hast keinen blassen Schimmer, wie du es verwirklichen kannst.
In der Regel passiert jetzt Folgendes: du erkennst die Unmöglichkeit des Vorhabens, bist frustriert und vergisst das Ganze.
Dein Wunsch hat unangenehme Gefühle ausgelöst und du hast ihn begraben und gedacht: Funktioniert ja eh wieder nicht bei mir! Träume und Wünsche haben Kinder, ich doch nicht mehr!

Aber ohne Wünsche, Ziele, Vorstellungen usw. läuft man blind durch‘s Leben und kriegt noch dazu viele unkontrollierte negative Schwingungen ab und das erdrückende Gefühl, nichts klappe so richtig, wird immer größer und größer!

Also müssen wir alle erkennen, dass Wünsche, Träume, Phantasie und die fantastischen Glücksgefühle zwingend nötig sind, um dahin zu kommen, wohin man will!

Für diese Gefühle aber sind wir ganz alleine verantwortlich, niemand sonst.

Sein „eigenes Leben erzählen“ heißt nichts anderes, als sich einen herrlichen Tagtraum auszudenken und sich von ihm fesseln zu lassen.

Emotional muss dich dein Tagtraum begeistern, entzücken und mitreißen, sonst passiert gar nichts! Null-Komma-Null, alles bleibt so, wie es ist!

Du musst immer intensiv fühlen, es muss real sein, der Ausgang der Geschichte muss mit den Händen greifbar sein.
Mit dem Fühlen anfangen, dann visualisiere immer und immer wieder! Visualisieren bedeutet, dass du dir deinen Wunsch, dein Ziel oder Finalbild immer wieder in Gedanken konkret vorstellst.

Denk' daran: kein Gefühl - es tut sich nichts - kein Erfolg!

Neue Bilder und positive Gefühle sind wichtig, um in der richtigen Frequenz zu schwingen!
Erzähle dir deine Geschichte so, dass sie dich fesselt, egal ob real oder erfunden, deine Gefühle sind das alles Entscheidende!

Am Anfang findest du das ganze Vorhaben wahrscheinlich unmöglich, doof, abgedreht usw. Aber was soll's, wenn das eine der schwersten Aufgaben sein soll auf dem Weg nach oben, ist es doch ein Leichtes, es einfach zu versuchen!!
Es ist ein weiteres Puzzleteil, um den absoluten Durchbruch zu schaffen! Wirklich!!!
Also ist es doch einen Versuch wert, Schluss zu machen mit dem: „Ach, alles ist so schrecklich, mühselig und ungerecht im Leben". Auf geht's, jeder kann es schaffen!
Du erzählst dir deine Geschichten ganz alleine… nicht nur denken…rede mit dir!!!!
Aufschreiben kannst du sie selbstverständlich auch, mir persönlich ist das nur zu viel Aufwand!

Ob du dir deine Geschichten in Ich-Form erzählst oder dich mit Vornamen ansprichst, bleibt ganz dir überlassen, es funktioniert beides, suche dir deinen Favoriten aus.

Mit der Zeit bekommst du richtig Übung im „Leben erzählen“ und du wirst feststellen, dass sich vieles in deinem Leben so einstellt, wie du es schon immer haben wolltest!
Bring‘ deinen Fokus weg von den anderen (weg vom Gartenzaun des Nachbarn, siehe Kapitel „Sei wachsam“) und denk‘ an dich und deine Lieben mit einem guten, superguten Bauchgefühl und es wird der „pure Wahnsinn“! Es macht richtig süchtig…
Aller Anfang ist schwer,…….aber du schaffst das!!!! Garantiert!!!

Rede mit dir über das, was du willst, was du dir wünschst, rede mit dir wie mit deinem besten Freund, egal wo, es tut gut, mit sich selber zu reden!

Du hast dabei auch eine bessere Kontrolle, als wenn du nur „denkst“, denn dabei schweifen die Gedanken viel zu schnell ab.
Rede über kurzfristige Wünsche, aber auch über langfristige Zukunftspläne, plane die Ereignisse des nächsten Tages mit dir **(immer reden!!!)**.
Falls du Lust hast und schon mehr als einen roten Faden von deinem zukünftigen Leben „erdacht“ hast, kannst du das ganze Vorhaben zu Papier bringen!

Hier ein Vorschlag für einen Versuch:
Schreib‘ dein Leben im Rückblick auf, also zum Beispiel:
Du bist 75 Jahre alt und blickst auf dein Leben zurück, was willst du geschafft und erreicht haben?
Was willst du über dich und dein eigenes Leben denken?
Mit jedem Versuch, etwas zu Papier zu bringen, wirst du besser und besser.
Spürst du auch deine Gefühle dabei?
Gute Gefühle wie Freude, Begeisterung, Stolz zeigen dir, du bist auf dem richtigen Weg!

Am Ende dieses Kapitels möchte ich noch eines zu Papier bringen:

Was tun beim vermeintlichen Worstcase, also beim schlimmsten eintretenden Fall!!?
Beim „Showdown“, beim „du siehst kein Land mehr“??

Du fühlst dich nicht verstanden, ob vom Partner, von den Freunden, von deinen Kindern, vom Chef, der Kollegin oder, oder …

Du findest alles in deinem Leben gerade gar nicht mehr so prickelnd, du fühlst dich „tot“, leer, müde, deine aktuelle Lebenssituation ist dir über den Kopf gewachsen.
Im Klartext, du findest alles überflüssig und würdest dich am liebsten in deinem Bett verkriechen! Du lebst dein Leben teilnahmslos, vielleicht sogar wie im Film und fühlst dich zu keiner Gefühlsregung fähig.
Du merkst zwar, dass in deinem Kopf wieder einmal ein altes Programm hochfährt, die Alarmglocke schrillt, aber du bist schlichtweg handlungsunfähig!

Jedes von dir initiierte Gespräch, das das unerfreuliche Ereignis wieder hinbiegen sollte, ist ganz anders verlaufen, als du es dir gewünscht hättest (leider konntest du deine Emotionen nicht kontrollieren) und du hast das Gefühl, kein Mensch auf der ganzen Welt versteht dich!!

Alle sind so gemein und ungerecht usw. zu dir!
Du findest alles, alles richtig ätzend und bist dabei, alle guten Vorsätze in den Wind zu schicken!

So, jetzt aber Stopp!!!!! Schluss!!!! Ende!!!!
Mein persönlicher Rat:

Keine Panik!

Wegen deiner augenblicklichen Verstimmung geht dein Leben nicht den Bach ‘runter, du wirst nicht in der Hölle schmoren, dein Partner wird

dich deswegen nicht verlassen, der Chef wird dir nicht kündigen, die Kinder nicht abhauen oder die Freundin dir die Freundschaft kündigen!
Menschen, die mit dir „verbunden“ sind, werden abwarten und schauen, was du jetzt tust!!
Tja, und was kannst du tun?

Nimm dich zurück, nach einem „Aussetzer“ gilt es zuerst einmal zu versuchen sich und sein Handeln zu ergründen.
Aber Vorsicht, nicht erzwungen, sondern Schritt für Schritt.

Versuche die nächsten Tage (**du alleine**) herauszufinden, warum es so passiert ist und was du denn tatsächlich erreichen wolltest, bevor alles schief gelaufen ist.
Sortiere deine Gedanken, schreib‘ dir eine Liste: Was ist gut in deinem Leben und was findest du aktuell eine wahre Katastrophe!?
Dann versuche herauszufinden, was du wirklich willst und wie du es dem anderen mitteilen kannst!
Ruhig, neutral und nicht angreifend oder wertend sollten die Worte sein, die du verwendest, um mit dem „vermeintlichen Feind“ zu reden.

Willst du zum Beispiel eine glückliche Beziehung und dein Partner tut vermeintlich irgendetwas, was dir so gar nicht gefällt, dich verletzt, dann bitte ihn, nachdem du dein „falsches Programm“ gecheckt hast, um ein Gespräch… Sei wirklich ehrlich, wenn es um deine eigenen Gefühle und Emotionen geht.
Erkläre ihm deine Gefühle (Ängste, Zweifel, Befürchtungen usw.), aber zwinge deinen Partner nicht, sich deinem Willen zu beugen. Sei kein kleines, stures Kind, das mit dem Kopf durch die Wand will! Erspare dir auch Vorwürfe, wie z. B. „Würdest du mich lieben, dann würdest du mir das nicht antun…“ „Du denkst nur an dich,… „ „,… wir haben jetzt ein Kind zusammen … ich kann auch nicht einfach nur an mich denken … oder meinen Hobbies nachgehen…“ „warum dann du…“ „ich will das nicht…“ Diese Vorwürfe sind in einer gleichberechtigen Beziehung fehl am Platz, denn das Ende „vom Lied“ ist, er distanziert sich und versteht die Welt nicht mehr! Ist es das, was man wollte? Wohl kaum! Jede Frau

wünscht sich einen verständnisvollen Mann, also behandle auch du ihn so!

Gib den geliebten Menschen gedanklich frei, glaub‘ mir, er wird dich nicht enttäuschen!

Wahre Liebe ist einfach, sie fordert nicht, sie braucht nicht, sie ist einfach so, wie sie ist!
Wenn du gibst, kriegst du auch etwas zurück! Dieses Geben und Nehmen beruht ebenfalls auf dem Gesetz der Anziehung.

Erzwingst du etwas, wirst auch du in die Ecke getrieben und zu Dingen gezwungen, die du absolut gar nicht möchtest!

Dinge verfestigen sich in deinem Leben, die guten und die schlechten, alle erschaffst du mit deinem Denken.
Formuliere ab sofort alles in deinem Leben positiv und steck‘ nur kurzfristig den Kopf in den Sand, nutze die Wachstumsmöglichkeiten in deinem jetzigen Leben.

In zwischenmenschlichen Beziehungen gibt es ein Wort und das heißt:

TOLERANZ

Wie ist es um deine eigene Toleranz bestellt?

Deine Antwort könnte jetzt lauten…kein Thema, klappt bei mir ganz gut…, dann Gratulation!
Super!! Das Motto leben und leben lassen hast du schon gut verinnerlicht.
Falls deine Antwort lautet… „naja"… dann ist das kein Beinbruch und du wirst dich freuen zu erfahren, dass du trotzdem die Chance auf ein megageiles, glückliches Leben hast!

Jetzt genau an dieser Stelle will ich dir etwas verraten und ganz ehrlich zu dir sein, aufgrund meiner vielen „schlechten Erfahrungen" in meiner persönlichen Vergangenheit ist diese Tugend zugleich die größte Herausforderung für mich! Das heißt, ich arbeite immer noch daran.

„Tolerant sein" bedeutet nicht zwingend, sich ausnutzen zu lassen oder immer klein beigeben zu müssen, sondern es bedeutet, dem anderen Dinge zuzugestehen, die „normal" sind bzw. die man auch gerne tun möchte/würde, nichts weiter.

Sicherlich kennst du das schöne Gefühl, wenn man einem Menschen eine Freude macht!
Die Freude in seinen Augen, seine angenehme und glückliche Ausstrahlung!
Jeder, der gerne Freude bereitet, bekommt viel zurück und es lebt sich viel harmonischer, als sich immer mit irgendwelchen Bagatellen aufzuhalten.

Klammern, jemanden komplett für sich vereinnahmen zu wollen, ist langfristig tödlich für jede noch so glückliche Beziehung.

Klammern hat etwas mit zu wenig Selbstwertgefühl, Misstrauen und Angst zu tun.

Meistens entsteht dieses Gefühl schon lange, bevor man es am „jetzigen Partner“ auslässt, darum bitte ich dich inständig, arbeite an dir, ergründe:
Woher kommen diese Gefühle?
Wenn du es weißt, dann steck‘ sie in die Schublade Vergangenheit!
(Falls du nicht mehr weißt wie, schlage im Kapitel die „Kunst des Loslassens“ nach)

Es ist nicht leicht, aber nach diesem harten Stück Arbeit fühlst du dich wie ein neuer Mensch!!!

Versprochen!!

Nutze die Chance auf ein glückliches, harmonisches und wunderschönes Leben!

Viele jetzt erdrückende Situationen werden sich in Luft auflösen, wenn du beginnst, an dir zu arbeiten!
Überwinde deinen inneren Schweinehund!!!
Das Leben kann total entspannt und angenehm sein!!!

Kapitel 10

Es ist noch kein Meister vom Himmel gefallen

Dieses Kapitel soll dir helfen, das bisher Gelernte zu vertiefen und erfolgreich umzusetzen.
Trainiere die vorangegangenen Tipps und Tricks, mit der Zeit werden sie dir alle in Fleisch und Blut übergehen.
Um den „Turbo“ einzulegen, gebe ich dir unten noch einen sehr guten und funktionierenden Tipp mit.
Versuch‘ es einmal so:

...nicht irgendwelche Gedanken in deinem Kopf schwirren zu lassen – nein, bestimmte Gedanken zu denken (vorher zu erfühlen!!!! ☺) und dann in Worte zu fassen...
rede mit dir....egal wo!

Genial wäre es, wenn du munter darauf losquatschen könntest, ohne Angst zu haben, ein „Normalo“ (normaler Mensch) meint, du bist jetzt ganz durchgeknallt!

Probier‘ es zu Hause, im Auto, vor dem Aufstehen oder vor dem Einschlafen, vielleicht auch beim Sport, falls dir die Puste ausreicht (für mich zwar unmöglich, aber es soll beim Joggen echt gut klappen, Gespräche mit sich selbst zu führen).

Wie wäre es am Morgen vor dem Spiegel?

Unmöglich!! Denkst du?
Warum?
Vielleicht, weil wir Mädels die Tendenz haben, uns morgens vor dem Spiegel zu denken:
„Ich kenn‘ Dich nicht, aber ich wasch‘ Dich trotzdem!“ Tja, diese Gedanken sind verständlicherweise nicht die besten, um erfolgreich in den Tag zu starten!!

Ändere sie!!
Dreh' sie um!!
Es soll dir schon am Morgen richtig gut gehen, du sollst dich rundum wohl fühlen!
Sorge dafür!

Geschafft! Deine Emotionen und Gedanken sind in „gutem Zustand", dann können wir beginnen.
Und was redest du mit dir?
Du erzählst dir dein Leben!!
Genauso, wie du es haben willst und auch erwartest!!

In der „Ich-Form", in der Gegenwart (also so, als würdest du schon in diesem Leben leben, sich deine Wünsche also schon alle eingestellt haben!! Kein „**Wenn**" im Gespräch verwenden)
Nachfolgend ein paar Beispiele für die Gespräche mit dir:

Beschreibe dich, wie siehst du aus?
(sicherlich wunderschön, in einem tollen Outfit, mit einer unschlagbaren Ausstrahlung und einem glücklichem Lächeln im Gesicht)

Wie sieht deine Zukunft aus?

Wie lebst du?

(Ich bin wunderschön, einfach vollkommen, bin absolut gesund, habe meinen Traumpartner geheiratet, ich arbeite sehr erfolgreich…, ich habe sehr viel Geld und genieße mein Leben, ich besitze mehrere Häuser, mache gerne Sport und reise viel, ich liebe das Leben, ich genieße die Zeit sehr intensiv und bin dankbar, so zu leben, usw.)

Welche Wünsche hast du?
Für dich?

Deine Gesundheit?
Für deine Lieben?
Materielles?
Gesellschaftliches?
Soziales?

Erzähl‘ dir deine Geschichte, immer und immer wieder, beginne innerlich zu strahlen, spüre die Motivation und hab‘ keine Angst zu übertreiben, es macht auch nichts, wenn du deine Geschichte gelegentlich ein klein wenig abänderst!
Nur die Grundtendenzen deiner Geschichten müssen gleich bleiben, denn du weißt ja, was du willst!!!
Und dann, **pass auf….es könnte wahr werden???!!!**

Bei wichtigen Entscheidungen solltest du dir immer deine Geschichte erzählen!!!
Rede, wie du es haben willst!

Falls du einen unmöglichen Chef hast, dann rede ihn dir schön,
z. B.:
- ich habe einen sehr freundlichen Chef
- er ist mit meiner Arbeit sehr zufrieden
- er schätzt mich
- er gewährt mir meinen Freiraum
- er fördert mich optimal
- er ist gerecht und verständnisvoll
- er kennt meine Grenzen
- usw.

Vertrau‘ jetzt dem Gesetz der Anziehung!
Entweder wird er sich ändern oder euere Wege werden sich trennen…
…Gleiches zieht Gleiches an…
…stopp‘ das Gejammer über die anderen…
…lass‘ das ewige Reden über die unangenehme Situation…
…jetzt wirst du eines feststellen…
…diese Menschen verschwinden aus deinem Lebensfilm!

Das „Dumme" daran ist nur: Du musst damit beginnen, du kannst nicht darauf warten, dass es andere für dich tun!

Also rede mir dir!!!
Schmunzle dabei! ☺ ☺
Was ist schon dabei? N I C H T S!!! ☺

Das ist nur der Weg zum „supertollen, hammermäßigen" Leben!

Genau genommen ist diese Art zu leben überhaupt nicht schwer, es gibt nur eine Hürde:

Du wirst in deinem Leben sprichwörtlich fürs Durchhalten belohnt, nicht fürs Ausprobieren!!!

Deine neue Wochenplanung

Oh je, nicht deine Stärke?

Macht nichts, dann üben wir es zusammen und du wirst sehen, auch das ist ein Leichtes!!
Es ist absolut machbar, zu lernen, wie hilfreich es sein kann zu überlegen, wie soll meine neue Woche werden?
Was soll erledigt werden?
Was sind meine „Alltagsdinge"?
Was will ich vorantreiben?
Wann kann ich intensiv mit mir arbeiten?
Nimm die Geschehnisse nicht hin…
Werde schon vorher aktiv, rede mit dir darüber…plane voraus!!
Du gestaltest dein Leben… mit viel gutem Gefühl und den besten Gedanken!!

Oft hilft „Brainstorming", um sich einen Überblick zu verschaffen!
Brainstorming ist die spontane Sammlung von Ideen, Aufgaben usw. noch ohne Wertung, die Sortierung erfolgt erst danach.

Probiere verschiedene Möglichkeiten, um dich zu organisieren!
Ordnung ist das halbe Leben… Chaos im Umfeld deutet sehr oft auch auf Chaos im eigenen Leben hin!
Und das willst du nicht mehr… du weißt, was du willst…

Vielleicht hilft es dir, wenn du dir eine „To-do-Liste" schreibst, also eine Liste anlegst mit den ganzen Dingen, die du in dieser Woche erledigen willst (egal, worum es sich handelt, es sollte alles drauf, sogar die „Arbeit an dir")
Oder vielleicht willst du eine Liste mit den „Do´s" und „Dont´s" (tun und nicht tun) schreiben.

Auf so eine Liste gehört dann zum Beispiel:

DO'S	DONT'S
• morgens lächeln	• schlechte Laune
• sich auf den Tag freuen	• Missgunst
• zu erledigende Arbeiten nach Prioritäten sortiert aufschreiben	• Angst
• die Aufgaben motiviert erledigen	• Neid
• die Arbeit als „leicht" und freudig empfinden	• Arbeiten anzufangen und liegenzulassen
• Zeit für dich	• Tag an sich vorbeilaufen zu lassen
• Sport	• Unordnung
• gesunde Ernährung	• ungesundes Essen

Kapitel 11

Erfolgserlebnisse, deine Bestätigung

Beginne dein Leben zu fühlen, produziere ganz bewusst die ersten Erfolgserlebnisse.

Jetzt bist du an dem Punkt in meinem Buch angekommen, an dem nach viel Theorie die Praxis folgen kann.

Beginne jetzt tatsächlich, etwas zu verändern! Genau jetzt!
Beginne nicht irgendwann!!! Beginne jetzt sofort, hier und heute!!

Wie das geht?
Keine Sorge, du bekommst im Anschluss von mir einen roten Faden an die Hand, dann klappt das reibungslos!
Denk‘ immer dran…du weißt sowieso schon alles… wir müssen es jetzt nur noch gemeinsam umsetzen…

Also dann, los geht's, hier ist der rote Faden:

Fühl‘ dich gut, richtig gut!
Hol‘ dir ein wunderschönes Gefühl her.
Beginn dich innerlich zu freuen, zeig‘ es, lächle, beginne richtig zu strahlen!!
Es ist schön zu leben, du genießt dein Leben, du freust dich auf die Chancen in deinem Leben!! Alles ist richtig und gut!

So und nun wird's konkret!
Was soll der heutige Tag bringen?
Was soll sich gut entwickeln?
Was wünschst du dir für heute?
Denke dir dein „Lebensbuch" für den heutigen Tag
Fühle dein gutes Gefühl für diesen Tag
Rede mit dir

Erzähle dir deinen Tag

OK?
Und jetzt ein kleiner Tipp für dich:

Versuche es mit kleinen Dingen!
Nicht, dass ich nicht ans Große glaube, sicher glaube ich an das ganz Große,
nur übt man im kleinen Stil am erfolgreichsten!

Glaub' mir, das ist richtig so!!!!
Übung macht den Meister!
Kleine Erfolge geben dir ein megastarkes Gefühl
nach dem Motto: Hey, der Wahnsinn, es klappt tatsächlich! Ja, das ist der Hammer!

Kein Witz,... es ist wirklich so!!!
Du wirst gedanklich tausende Purzelbäume schlagen vor lauter Glück, denn es ist ganz, ganz einfach!!!
Versprochen...es ist einfach... so einfach und so effektiv...

TUE ES!!! ES LOHNT SICH!!! VERSPROCHEN!!!! ES IST DEINE CHANCE!!!
Absolut NEBENWIRKUNGSFREI!!!!
ALSO AUF GEHT'S!!!!!!!!!!!

Was gibt es für Übungsobjekte?

***Durchdenke deinen Tagesablauf:**
vielleicht wäre es schön, wenn:
dein Tag reibungslos und entspannt ablaufen würde,
du nette Menschen treffen würdest,
immer ein freier Parkplatz zur richtigen Zeit am richtigen Ort für dich wäre,

(ich weiß, schon wieder die „Parkplatznummer", aber diese Übung ist ideal zum Trainieren der eigenen Emotionen) du alle „Pflichten" mühelos erledigen könntest,
dich jemand sehr zuvorkommend behandelt,
die Kasse im Supermarkt für dich frei wäre (bzw. du würdest in der Warteschlange vorgelassen werden),
du keine Wartezeit beim Arzt hättest,
usw. usw.

***Überdenke deine Beziehung:**

Vielleicht wäre es schön, wenn:

du einen harmonischen und liebevollen Umgang mit deinem Partner hättest,
ihr eine gute Kommunikation hättet,
intensiv Zeit füreinander hättet,
ihr oft und gerne gemeinsam lachen würdet,
ihr in eurem Alltag ein unschlagbares Team wärt,
jeder den anderen in seiner Einzigartigkeit liebt und schätzt,
eure Beziehung gleichberechtigt wäre (keiner ist wichtiger als der andere),
die Ecken und Kanten des anderen bedingungslos akzeptiert werden würden,
ihr beide beim Sex voll auf eure Kosten kommen würdet
und keine Scheu zeigt, euch darüber zu unterhalten bzw. Neues auszuprobieren,
Sex zu euerer Beziehung gehört wie gutes Essen, Sex beflügelt und euch miteinander spielen lässt,
der Traummann für dich der Traummann bleibt und nicht zum langweiligen, faulen, müffelnden, bierbauchigen, Chips essenden und Sportschau schauenden „Couchpotato" wird.

*** Denk' an deine berufliche Situation:**

Vielleicht wäre es gut, wenn:

du deinen „Erfolgskurs" finden würdest,
du einen echt geilen Job hättest, der dich fordert, dir Anerkennung bringt und dir vor allem großen Spaß macht,
das monatliche Einkommen höher wäre,
du von „Männern" unabhängig wärst,
du dein eigener Chef wärst,
du endlich deinen „Hintern" hochkriegen würdest!!
usw. usw.

Versuch' dich zuerst an kleinen Herausforderungen, dann lass' die Aufgaben, denen du dich stellen willst, Stück für Stück größer werden!!

Du kannst dir täglich und/oder wöchentlich dein Lebensbuch „schreiben" (bedenke, ich meine nicht wirklich schreiben… erdenken… fühlen… ok? ☺)

Formuliere es immer in der „als wäre es schon" - Situation!
Es ist deine Hauptrolle und deine ganz eigene Showbühne!
Tob' dich aus!
Versuch' unterschiedliche Rollen zu spielen!
Freu' dich darauf!

Mein Ehrenwort:
In dem Jahr, in dem du beginnst es umzusetzen und dran bleibst, wird nichts mehr so sein, wie es einmal war!
Es gibt's nichts, wovor du Angst haben musst!
Es ist supereffektiv und du kriegst das, wofür du angetreten bist!!
Du kriegst das präsentiert, was du fühlst und denkst!!
Deine Gefühle und Gedanken erschaffen deine Zukunft!!
Das Zauberwort heißt:

TUN, TUN, TUN, TUN, TUN, TUN, TUN, TUN!!

Es wird funktionieren!
Du allein erschaffst durch dein Fühlen und Denken deine Lebenserfahrungen und dein Leben!
Niemand anderes!!
Probiere es, wenn es klappt, dann freu‘ dich und zeige das auch!

Denk dann ganz oft DANKE, DANKE, DANKE, es funktioniert!

Also dann mal los!

An dieser Stelle wäre es gut, das Buch ein paar Tage zur Seite zu legen.

Übe im Alltag und mit den Alltagssituationen!
Lies erst weiter, wenn du alles Vorangegangene erprobt hast!

Du brauchst die Erfolgserlebnisse auf diesem noch ungewohnten Terrain, damit kannst du viel Sicherheit gewinnen! Deine Zweifel werden immer schwächer werden und du gewinnst immer mehr Vertrauen für diese Arbeit!

Ich wünsche mir, dass mein Buch keines von denen wird, die bei dir irgendwo im Regal verstauben oder die du einfach zur Seite gelegt hast;
Nein, ich will dich damit ein paar Wochen begleiten (ähnlich wie bei der Arbeit mit meinen Klienten), damit du das Leben als absolut supergute Chance siehst, nach dem Motto: „Alles ist möglich!“

Aus eigener Erfahrung kann ich mit 1000%iger Sicherheit sagen, dass wirklich alles möglich ist!

Dieses Jahr soll dein alles entscheidendes Jahr werden, lass‘ es darauf ankommen!
Ein neues Jahrzehnt, ein neues Lebensgefühl, ein viel besseres Leben.

Was ist in meinem Leben so alles passiert?

Seit ich angefangen habe, mich mit der Thematik des Fühlens und Denkens auseinanderzusetzen, haben sich viele Dinge bzw. Umstände in meinem Leben geändert.
Ich bin rundherum zufrieden und kann über Geld nicht mehr klagen, die ewige Angst, es würde nicht reichen (diesen Stempel der Angst drückte mir vor 10 Jahren eine Astrologin auf!), ist wie weggeblasen!
Ich lebe mein Leben heute ganz in Fülle, egal in welchem Bereich…Ich genieße dieses superschöne Lebensgefühl!!!

Wenn auch du einmal in Fülle lebst (was schon sehr bald der Fall sein wird), dann wirst du mich verstehen, wenn ich an dieser Stelle behaupte, **dass nur Menschen, die in sich ruhen** (also wissen, wer sie sind und was sie wollen) **und in Fülle** (= alles zu haben, was sie glücklich macht) **leben, keinen Neid, keinen Mangel und keine Missgunst verspüren!**

Falls diese Gefühle bei dir in deinem Alltag noch sehr stark vorhanden sind, sprich die sogenannte „Außenfixierung“ (es ist immer wichtiger, was um dich herum passiert), dann solltest du in diesem Buch noch einmal beginnen zu erforschen, wo deine persönlichen Schwächen liegen und das Kapitel intensiv erarbeiten!
Es ist nichts verloren, keine Angst… es wird alles gut werden.
Nur manches dauert gelegentlich ein bisschen länger!

Sei dir selber treu, arbeite nicht halbherzig, sonst endet dieses Buch wie viele andere auch, in der Ecke deines Regals und das wäre wirklich sehr schade!

Ansinnen meines Buches ist, **allen Frauen** zu vermitteln, dass **jede Frau**, **wirklich jede**, es schaffen kann, wenn sie sich ihrer eigenen Person und ihrer Fähigkeiten bewusst ist!

Ich sehe es als meine persönliche Verpflichtung, dir zu sagen, dass das Leben wirklich so funktioniert und es für **jede Frau** möglich ist, gesund, glücklich, zufrieden, erfolgreich und reich zu leben.

Voraussetzung: **DU** verlässt den Kreisverkehr deiner bisherigen Gefühle, Gedanken und Handlungen, nimmst die Vergangenheit nicht so ernst und marschierst mit tiefster Überzeugung voran.
Immer weiter, immer weiter…bald hast du dein Ziel erreicht!!! **Es ist absolut möglich!**

Manchmal dauert es ein paar Monate länger, aber was soll´s schon?

Was sind ein paar Monate gegen den Rest des Lebens?

Kapitel 12

Bleib' am Ball

Es muss Gewohnheit werden. Was bedeutet das für dein Leben?

Nachfolgend die Definition von „Gewohnheit": [12)]
Als „Gewohnheit" (auch Usus, lat. „Uti": gebrauchen) wird eine unter gleichartigen Bedingungen entwickelte Reaktionsweise bezeichnet, die durch Wiederholungen „stereotypisiert" wurde und beim Erleben gleichartiger Situationsbedingungen wie „automatisch" nach demselben Reaktionsschema ausgeführt wird, wenn sie nicht bewusst vermieden oder unterdrückt wird.
Es gibt Gewohnheiten des Fühlens, Denkens und des Verhaltens.

O. K., nun wieder konkreter:
Alles, was dir bis hierher noch nicht optimal gelingt, darf dich nicht vom Kurs abbringen!
Keinesfalls!
Falls das kurzfristig der Fall sein sollte, dann schlage im Kapitel „Rückschläge, und jetzt" oder im Kapitel „Leben und leben lassen" nach.

Suche dir die Informationen heraus, die dir gut tun, die dich motivieren usw.
Tu das für dich ...nicht nachlassen...üben, üben und nochmals üben!

Bleib dabei, nach 21 Tagen wird vieles tägliche Routine und genau das wollen wir erreichen!
Gewohnheit und Routine brauchst du im Fühlen und Denken!!

Gibst du mir Recht, wenn ich behaupte, dass das, was du tun musst, um dein Leben schlagartig und langfristig zu ändern, eine Kleinigkeit ist, im Vergleich zu dem, was du davon profitieren kannst?

Es wird nicht immer leicht sein, am Ball zu bleiben, aber lass‘ dich nicht von deiner Bequemlichkeit oder vom inneren Schwei-nehund ablenken!

Verspiel‘ nicht, was du schon erreicht hast!

Beiß‘ dich fest!
Du willst es!
Immer ein Stück mehr!
Dein neues Leben!
Es ist deine Chance, du hast sie dir verdient!

Du! Ja, genau du!
Du genau wie ich! Jeder Einzelne von uns!

Optimierungen

Im Anschluss nenne ich dir einige Optimierungen, die deine Ziele schneller in greifbare Nähe rücken.

1. Entscheidungen treffen

Tust du bereits? Richtig!
Hier will ich dir nur einen weiteren Tipp geben, um dir vermeintlich schwere Entscheidungen zu erleichtern, wobei dir dein Bauchgefühl zukünftig helfen kann.
Wie?
Wenn du vor einer wichtigen Entscheidung stehst und nicht so ganz weißt, was für dich tatsächlich richtig ist, dann nimm dir zwei Blatt Papier zur Hand und notiere dir z. B.: bei der Frage „soll ich mich trennen?" Folgendes:
Was ist, wenn ich bleibe? Wie fühle ich mich? Wie lebe ich? Auf dem zweiten Blatt notiere:
Was ist, wenn ich gehe? Wie fühle ich mich? Wie wird sich mein Leben langfristig ändern?
Jetzt kannst du deinen Gedanken freien Lauf lassen, bring' alles zu Papier.
Im Laufe des Schreibens wirst du zwei verschiedene Gefühle feststellen, ein sehr beklemmendes und ungutes Gefühl und ein sehr freudiges, lebensbejahendes und supergutes Gefühl.

Jetzt kannst du entscheiden… richtig wäre jetzt, auf sein Gefühl zu hören und diese „ausgearbeitete" Entscheidung zu forcieren.
Dieses Gefühl wird dich, wenn du dich wirklich ausführlich mit deiner Frage beschäftigst, nie enttäuschen, sondern es wird dir immer den richtigen Weg weisen!!
Versuch's mal!

2. Freuen und viel mehr lachen

Produziere viele Glücksmomente in deinem neuen Leben

- im Jahr
- im Monat
- in der Woche
- am Tag
- in einer Stunde

genieß‘ den Augenblick, halte kurz inne und entdecke die Schönheit um dich herum!
Freu‘ dich mit allen Sinnen darüber!
Vielleicht gehst du gerne nach draußen, dann entdecke die Natur neu.
Verbring‘ die Zeit an deinen Lieblingsorten, lächle und vertraue darauf, dass du alles erreichen kannst, wenn du beginnst, dich nach vorne zu bewegen.

Träume ein wenig mehr!
Du bist ja jetzt schon ein kleiner Meister im „mit sich selber reden“ geworden und schreibst schon eifrig an deinen Lebensbüchern!

Beginne „groß“ zu träumen!

Träume die verrücktesten Ideen, Hauptsache, du fühlst dich richtig gut dabei!
Nichts Großes wurde jemals erschaffen, ohne vorher den Traum davon zu haben!
Denke an den Erfinder der Glühbirne, an den Erfinder des Telefons u.v.a.m.

Lachen ist die beste Medizin!
Lache oft und viel!
Von einem Schmunzeln bis zum herzhaften Lachen ist alles erlaubt!
Schau‘ lustige Filme an, lass‘ dir gute Witze erzählen, unternimm alles, um immer wieder zu lachen und dich an deinem Leben zu erfreuen.
Lass dich nicht mitreißen von der Sensationsgeilheit der Massenmedien, die TV-Sendungen werden immer schlechter, die Gier nach Grausamkeit

und Ungerechtigkeit im alltäglichen TV-Programm wird immer schlimmer und auch die Radiosender setzen auf Sensationen („Schneechaos" usw.)
Bedenke immer, sie wollen alle nur eines: Quoten, Quoten und nochmals Quoten!
Suche dir aus diesem Unterhaltungsbereich das heraus, was dir gut tut und was dir Freude macht!

Bittere Gedanken haben ab sofort keinen Platz mehr in deinem Leben!

Versuche einmal mit einem zufriedenen und glücklichen Lächeln einzuschlafen.

Denk' dir dabei:
Es war ein guter und schöner Tag heute!

Am nächsten Morgen, wenn der Wecker klingelt, dann versuche ihn nicht an die Wand zu feuern, sondern freu' dich auf deinen neuen glücklichen Tag!

3. Die nächste Optimierung heißt „*verzeihen*"

sich selber und den anderen

Was heißt das jetzt genau für dich?
Es ist wichtig zu wissen, dass du nur glücklich leben kannst, wenn du lernst, zuerst dir selber zu verzeihen.
Falls du Schwierigkeiten haben solltest, dir Vergangenes zu verzeihen, dann musst du dir bewusst werden, dass dir dein Ego (dein ICH) Widerstand leistet. [13)]
Es ist ängstlich, verletzt, zornig, wütend usw.
Werde dir bewusst, dass „sich selber verzeihen" ein großer Schritt ist, der einige Zeit dauern kann.

Erkenne, dass du Ängste, Schwächen, Grenzen, Verhaltensmuster und Glaubenssätze hast (bzw. in der Vergangenheit gehabt hast), die verschiedenste Reaktionen oder Schmerz in dir hervorrufen.
Akzeptiere das und versuche zu ergründen, ob diese Themen schon überholt sind (konkret: brauchst du sie noch?) oder hindern sie dich am wirklichen Lebensglück?
Falls sie dich hindern, bremsen und überholt sind, dann musst du sie „loswerden".

Sei dir bewusst, dass der Verzeihungsprozess dir und deinem eigenem Seelenfrieden dienen soll. Es ist dein Leben und du hast es verdient, glücklich zu sein.

Hier ein paar Tipps:

- Welche Emotionen sprudeln aus dir heraus, wenn du dich selber anklagst?
- Erkenne deine Verhaltensmuster
- Akzeptiere sie (sie sind ein Teil von dir gewesen)
- Woran hindern dich deine Emotionen im Leben?
- Was würde passieren, wenn du keine „schlechten" Emotionen mehr hättest?
- Wie würde dann dein Leben aussehen?
- Verzeihe dir, sprich mit dir selber, fühle die Befreiung in deinem Herzen, deine Freude.....du brauchst diese „schlechten" Gefühle nicht wirklich

Verzeihe anderen **(„denn sie wissen nicht, was sie tun")**
Oh je, schwierig?
Merkst du deinen Widerstand?

Diese Emotionen bereiten jedem Einzelnen von uns große Probleme:
Das sind: die Angst, die Traurigkeit, die Wut und der Hass.
Meistens schlucken wir diese Emotionen runter und sie brodeln in uns, bis sie „überlaufen".
Andere wiederum kontrollieren oder verstecken diese Emotionen, tun also alles, um sie nicht zu bemerken bzw. zu spüren.

Sie erinnern uns an Vergangenes und Unangenehmes, wie z. B. vergessen worden zu sein, Enttäuschungen, Hilflosigkeit, Verrat, Ungerechtigkeit, Zurückweisung, Ablehnung.

Viele von uns schieben alle Schuld den Mitmenschen in die Schuhe (immer und immer wieder), vergessen aber dabei schlichtweg:
So wird sich nichts, rein gar nichts ändern!!!!! [13)]
Jeder von uns hat Dinge (innere Wunden), die er in seinem Unterbewusstsein abgespeichert hat, die noch nicht „verziehen" sind, sich selber nicht und den Mitmenschen auch nicht.

Genau an dieser Stelle musst du erkennen, dass all das, was du mit dir herumschleppst, nur einem wirklich schadet, nämlich dir selber!!

Diese vielen Emotionen entstehen und hindern dich, richtig glücklich, erfolgreich und vollkommen gesund zu sein!!

Darum hier auch zu diesem Teil ein paar tatsächlich erprobte Tipps:

- Was stecken für Emotionen dahinter? Warum ärgerst du dich über den anderen?
- Erinnere dich daran, dass du dich für jedes deiner Gefühle selber und sofort entscheiden kannst?
- Wovor hast du Angst?
- Akzeptiere den anderen und lass' ihn los!
  (Versuche zu verstehen, warum er so handelt! Hat auch er die gleichen Ängste wie du?)
- Stell' dir jetzt vor, du bittest den anderen um Verzeihung!
  Spiele das in Gedanken durch und spüre deine Gefühle dabei!
  Entsteht ein Gefühl der Freude und Befreiung in dir?
  Schließe Frieden mit dir selber, es ist dein natürlicher, tiefster Wunsch, glücklich zu sein!

Keine Angst, verzeihen heißt nicht automatisch gut zu heißen, was der andere alles tut, es heißt vielmehr: egal was war, du kannst über den dir zugefügten Schmerz hinwegsehen und dein weiteres Leben ohne „Schaden“ glücklich, zufrieden und befreit leben.

Es geht um dich, deine Erleichterung, denn jeder Einzelne von uns ist selber für sich und sein Leben verantwortlich.

Es steht nicht in deiner Macht, jemandem zu verzeihen, jeder kann nur sich selber verzeihen!

Es genügt also vollkommen, diesen Verzeihungsprozess alleine aufzuarbeiten!
Es geht nur um dich und deinen inneren Frieden!
Deine Zukunft, dein Lebensglück!

Ziel der ganzen „Verzeihungsprozedur“ ist ganz einfach:
Egal, wer oder was passiert, ich lasse mich von meinem Weg nicht abbringen, es ist mir schlichtweg egal, was der andere tut oder denkt, ich erkenne es, aber es kann mir nichts anhaben!
Somit hebst du deine Gefühle und Gedanken (deine Schwingung) über das vermeintliche Problem und dein Leben wird weiterhin so verlaufen, wie du es möchtest!!
Du lässt dich von den negativen Schwingungen nicht mehr runterziehen!!!
Konzentriere dich ganz und gar auf das, was du möchtest, was dir Freude bereitet, was du erreichten möchtest! [13)]

4. *Dranbleiben*

ist der letzte Punkt in meiner Optimierungsliste.

Dranbleiben wird dein neues Aufgabengebiet.
Eine schöne und interessante Herausforderung für dich!

Du bist jetzt in deinem Leben schon weit voran gekommen, vieles funktioniert schon recht gut, manches erscheint dir vielleicht ein wenig zu „abgehoben“, ganz egal, du merkst eins …..es tut sich was!
An dieser Stelle möchte ich dich motivieren, dranzubleiben, nimm dieses Buch als Anleitung, dir dein Leben ganz nach deinem Geschmack zu gestalten!

Du hast eine große Chance bekommen, zu erkennen, wo der Hase lang läuft und warum so vieles auf diesem Planeten aufgrund unseres Verhaltens einfach aus der Bahn läuft.
Nutzen wir unser Wissen, packen wir es an!
Der Erfolg liegt im Tun!

Mach‘ dir nicht zu viele Gedanken über unsere schlechte Welt!
Denn dadurch wird es nur noch schlimmer, Gejammer und all die negativen Gedanken bringen aufgrund des Gesetzes der Anziehung immer mehr dieser schrecklichen Gedanken zum Vorschein auf unserem Planeten und das ist ja genau das, was wir gar nicht wollen!

Wir wollen eine Welt voller Freude und Fülle, aber dann müssen wir anfangen, unsere Gefühle und Gedanken zu ändern!
Wie?
Das weißt du jetzt!

Fühle dein Glück, deinen Erfolg, deinen Reichtum, deine Gesundheit.
Alles, wirklich alles ist möglich!!!

Beginne bei dir!!!
Sei die strahlende, begeisterte Frau…
Sei Vorbild für eine bessere WELT!!!

Vertrau‘ immer darauf, dass alles im Leben seinen Sinn hat!!
Ich wünsche dir jetzt schon viele schöne, traumhafte, megageile Stunden!!!
Werde so glücklich wie nur irgendwie möglich!!

Es klappt…
Wirklich…, denn etwas, das ein einziges Mal funktioniert, kann man zehnmal, hundertmal, tausendmal oder x-beliebig multiplizieren.

Jede Frau kann das!!!

Kapitel 13

Und dann?

Rede mit dir!
Berichte dir jeden Tag von den Geschehnissen des Tages, du bist dein bester Freund!

Plane am Morgen im Bad (oder bereits am Abend vor dem Einschlafen) deinen Tag, fühle und rede dir deinen Tag passend, so wie du ihn haben willst.

Vergiss nicht, manche Hürde, die dir begegnet, ist eine Herausforderung, um deine Absichten (z. B. deine Karriere, deine Beziehung erfolgreich bzw. glücklich zu gestalten) zu testen.
Entsprechen diese wirklich deinen Gefühlen und Überzeugungen?
Sprich, willst du das wirklich erreichen?
Manchmal mag es einen Umweg erforderlich machen, aber du wirst immer wissen, dieser Umweg führt dich auch ans Ziel!

Versuche dich tagtäglich vom „Müll“ des Alltages und vom „Müll“ anderer zu befreien!

Lass‘ ihn los!
Versuche viel und oft zu lächeln, freu‘ dich über dein Leben, über deinen Wohlstand, lass‘ nichts Negatives an dich ‘ran!
Denke dir dein Leben, so wie du es haben möchtest!
Es funktioniert aufgrund des Gesetzes der Anziehung!!!
Ganz sicher!
Pausen einzulegen ist völlig normal, aber bitte vergiss nie dein Ziel!!!

Dein Leben, deine Hauptrolle, egal wie oft du etwas änderst, die Hauptsache ist, dir geht es dabei richtig gut!
Du fühlst dich wohl!!
Im wahrsten Sinne des Wortes, du sollst dich pudelwohl fühlen!

Schreibe deine Lebensbücher!
Beginne große Ziele und Wünsche zu formulieren, ergründe die wirklichen Wünsche in dir!

Erscheinen sie dir überzogen?

Keine Sorge, ab sofort ist nichts mehr groß genug. Wenn diese Wünsche aus dem tiefen Herzen entspringen und dir wirkliche Freude bringen, werden sie sich erfüllen, vorausgesetzt, du verhältst dich auch so, als ob du sie schon hättest!

Ein kleines Beispiel:
Du willst eine glückliche und harmonische Beziehung.
O. K., dann besteht deine Aufgabe darin, dich ganz in diesen Wunsch hineinzufühlen. Überlege: Wie geht es dir in so einer Beziehung, was spürst du, wie begegnest du deinem Liebsten, was macht ihr zusammen, usw. usw.
Um im Leben das zu erreichen, was du tatsächlich haben willst, ist die allerwichtigste Aufgabe für dich, dich ganz hinein-zufühlen, genau wie ich es dir im Beispiel genannt habe.
Jedes Mal aufs Neue, immer wieder!!

Falls du das Gefühl hast, es ist zwar dein innigster Wunsch, eine glückliche Beziehung zu führen, aber unmöglich mit deinem Mann, dann versuche es trotzdem, denn es wird sich etwas ändern.
Falls es dein ehrlicher und inniger Wunsch ist, eine glückliche und harmonische Partnerschaft zu führen, dann passiert laut des Gesetzes der Anziehung jetzt Folgendes:
Entweder dein Partner wird sich ändern (dein Verhalten erzeugt ja beim Gegenüber auch ein anderes Verhalten) oder aber er wird sich von dir trennen, weil er eine andere Partnerschaft führen möchte und es wird der Mann in dein Leben treten, der die gleiche Schwingung aussendet wie du und ihr werdet zusammen glücklich!
Also hab‘ keine Angst, vertrau‘ dir!!

Erwarte nichts von den anderen, denn das, was du aussendest, kommt sowieso tausendfach zu dir zurück!

Erinnere dich, jeder Zweifel entspringt einer negativen Emotion und die bringen uns nicht weiter!
Die schwächen uns nur und es beginnt die Negativspirale nach unten.
Falls das passieren sollte, weißt du ja, dass du allein die Kraft hast, diesen falschen Weg schlagartig zu ändern.
Du kannst das!!!!

Das Leben ist ein Spiel, egal ob arm oder reich, lebenslustig oder trübsinnig, glücklich oder traurig, zufrieden oder unzufrieden. Du entscheidest mehr, als du denkst.
Schaffe dir dein Leben, genieße es!! Alles ist möglich!

Jedes gebaute Haus auf diesem Planeten entstand bei irgendeinem Menschen zuallererst im Kopf, es war ein Traum, eine Vision, erst viel später, also dann, wenn jemandem der Gedanke keine Ruhe mehr lässt und das gute Gefühl in diesem Haus zu wohnen siegt, erst hier an diesem Punkt beginnt das Haus Formen anzunehmen, am Anfang auf dem Papier und dann in der Wirklichkeit!

Verlass‘ den Weg des „das will ich auch“, weil es andere haben, geh‘ deinen eigenen Weg, suche dir in der Fülle des Lebens aus, was du haben willst, fühle es, genieße es und freu‘ dich darüber.

Beginne bei dir und du wirst erkennen, zum Ziel ist es gar nicht mehr weit!

Motiviere dich jeden Tag, so viel Zeit wie möglich glücklich zu sein, Glücksgefühle hervorzurufen.
Freu‘ dich des Lebens, denn es ist keine Strafe, auf dieser Erde zu sein, es ist nur eine Frage des: Was mach‘ ich daraus?
Und nicht, was machen andere aus mir!!!

Verbringe den Tag nicht mit Grübeln!

Ich weiß, viele Menschen springen sehr leicht auf den Wagen des Jammerns und Kritisierens auf. Alles ist so schrecklich auf dieser Welt. Die Politik, die Wirtschaft, das Klima, die Menschen usw. usw.
Ist es wirklich so schlimm?
Lassen wir uns nicht alle gerne treiben im Fluss des Klagens, um von uns selber ablenken zu können?
Überwiegt denn tatsächlich das Chaos auf dieser Welt?
Das Grauen?
Nein, viele von uns haben ein glückliches Leben.
Glaube nicht nur das, was die Medien verbreiten, vergiss nie:
Was bringt den Medien hohe Einschaltquoten?
Sensationsmeldungen!!!
Die Menschen warten förmlich darauf!

Verlasse dieses Terrain, freu‘ dich auf deine Zukunft, hab‘ keine Angst um die anderen, sondern hab‘ die feste Überzeugung, alles wird gut.
Sende keine ängstlichen, mitleidigen oder verzweifelten Gedanken aus, das macht das Ganze nur noch schlimmer!
Sende gute Gedanken dorthin, wo alles im Argen liegt.

Wenn wir alle beginnen, andere Gedanken in die „Probleme der Welt und der Gesellschaft“ zu senden, wird alles gut werden. Vertraue darauf!

Mein Anliegen ist es nicht, dich zum Retter der Welt zu machen, sondern ich will, dass du dich selber „rettest“ aus diesem Strudel!
Du sollst erreichen, was du dir wünschst, denn erst dann kannst du dieses berauschende Lebensgefühl mit einem guten Gewissen weitergeben, ja und damit haben wir alle gewonnen, jeder Einzelne von uns!

Tue es für DICH!

**Die größte Entscheidung deines Lebens liegt darin,
dass du dein Leben ändern kannst,
indem du deine Geisteshaltung änderst.**

- Albert Schweitzer -

Kostbare Zeit [14)]
(gefunden in einem Rundschreiben einer Schweizer Bank)
Stell' dir vor, du hast in einem Wettbewerb folgenden Preis gewonnen. Jeden Morgen stellt dir die Bank 86.400,00 Euro zur Verfügung. Allerdings mit folgenden Spielregeln:

1. Alles, was du im Laufe eines Tages nicht ausgegeben hast, wird dir wieder weggenommen, abgebucht. Du kannst das Geld nicht einfach auf ein anderes Konto übertragen. Du kannst es nur ausgeben. Jeden Morgen, wenn du aufwachst, ist das Konto wieder neu gefüllt. Mit genau 86.400,00 Euro.
2. Die Bank kann den Gewinn ohne Vorwarnung streichen. Zu jeder Zeit kann sie sagen, es ist vorbei! Das Spiel ist aus!

Was würdest du tun?
Würdest du nicht alles kaufen, was du möchtest? Nicht nur für dich selber, sondern auch für die Menschen, die du liebst? Vielleicht sogar für Menschen, die du nicht kennst, denn du weißt ja, dass es auch bedürftige Menschen gibt und irgendwann kommt sowieso der Tag, an dem du das ganze Geld nicht mehr für dich alleine ausgeben kannst. Weil du schon alles hast.
Du würdest doch versuchen, fast jeden Cent auszugeben, oder?
Das Geld nutzen, etwas daraus machen!!
Nur ein Traum??????
Nein, Realität!!!!!!!!

Jeder von uns hat so eine Bank.
Die Währung heißt „Zeit"!!!!!
Jeden Morgen, wenn wir aufwachen, haben wir für diesen Tag bereits 86.400 Sekunden Leben auf dem Konto.
Was wir am Abend nicht genutzt haben, ist verloren.
Und dieses Spiel kann jederzeit ohne Vorwarnung enden!
Sehr richtig, findest du nicht auch?

LEBE, es ist dein Leben, dein einziges im Hier und Jetzt!!!!
Mach' was draus!
Warte nicht auf andere!
Werde aktiv, bewege dich, Stück für Stück, es wird der Wahnsinn!!!!
Vertraue mir!!!

Niemand hat dich jemals zu irgendetwas gedrängt, es ist dein Spiel, geprägt von deinen Gefühlen und Gedanken. Jede Sekunde deines bisherigen Lebens war es so und so wird es auch immer bleiben.

Am Ende meines Buches stellt sich für dich die Frage, was mache ich mit der restlichen Zeit?
Inwieweit bist du bereit, deine Gefühle und Gedanken für dich, deine Ziele und Wünsche einzusetzen?

Es ist ein Training auf Lebenszeit. In dieses Training ist alles eingepackt, was du fühlst und denkst.
Das Training präsentiert dir im Laufe der Zeit immer schneller das Ergebnis.
Es wird eine spannende Zeit!!
Freu‘ dich darauf, deine Grenzen zu überwinden………. es ist dein Leben!!!!!

Ich wünsche dir an dieser Stelle von ganzem Herzen:

LEBE DEIN LEBEN,
LIEBE DICH OHNE MASKE!
SCHLIEßE FREUNDSCHAFT MIT DIR UND DEN MENSCHEN!
BEGINNE BEI DIR, UM DIE WELT ZU VERBESSERN!
LEBE DEINE TRÄUME, ALLES IST MÖGLICH!
VERTRAUE DEM LEBEN UND SEI ENDLICH EHRLICH ZU DIR!!

Gabriele Pollinger

Ich will mit diesem Buch viele Frauen unterstützen…
wenn dir also mein Buch ein wenig helfen konnte…
dann
behalte es nicht für dich…
erzähle es weiter…
DEINE Freundin wird es dir danken…

DANKE

14. Meine ganz persönlichen Erfolgsnotizen:

15. Quellenverzeichnis:

1) Udo Hahn: In der Stille der Nacht, Kreuz Verlag, Stuttgart 2004
2) vgl. Lynn Grabhorn: Aufwachen, dein Leben wartet, Seite 188, Arkana Verlag, München 2004
3) Wikipedia Wikiwörterbuch
4) vgl. Klaus-Ingbert Wagner, Ausb. z. Entspannungspädagogen, Zukunftswerkstatt Amberg, 2010
5) vgl. Else Müller: Träumen auf der Mondschaukel, Seite 22, Kösel-Verlag, München 2007
6) vgl. Rhonda Byrne: The Secret, Seite 102 + 62, Wilhelm Goldmann Verlag, München 2007
7) vgl. Klaus-Ingbert Wagner, Ausb. z. Entspannungspädagogen, Zukunftswerkstatt Amberg 2010
8) vgl. Lynn Grabhorn: Aufwachen, dein Leben wartet, Seite 165, Arkana Verlag, München 2004
9) vgl. Klaus-Ingberg Wagner, Ausb. z. Entspannungspädagogen Zukunftswerkstatt Amberg 2010
10) vgl. Lynn Grabhorn: Aufwachen, dein Leben wartet, Seite 165, Arkana Verlag, München 2004
11) vgl. Lynn Grabhorn: Aufwachen, dein Leben wartet, Seite 192, Arkana Verlag, München 2004
12) Wikipedia Wikiwörterbuch
13) vgl. Lise Bourbeau: Dein Körper sagt „Liebe dich“, Seite 313 ff Windpferd Verlag, Aitrang 1998
14) Sparkassenrundbrief aus dem Jahr 2010 der Sparkasse Regensburg (Tipp einer Schweizer Beratungsfirma Neumann Zanetti & Partner)
15) Walter de Gruyter, Pschyrembel klinisches Wörterbuch, 261. Auflage S. 687

16. Weiterführende Lektüre:

- Rhonda Byrne: The Secret, Goldmann Arkana Verlag, München 2007
- Lynn Grabhorn: Aufwachen, dein Leben wartet – Die erstaunliche Macht der Gefühle, Goldmann Arkana Verlag, München 2004